Gestão de finanças internacionais

Central de Qualidade — FGV Management
ouvidoria@fgv.br

PUBLICAÇÕES
FGV Management

SÉRIE COMÉRCIO EXTERIOR E NEGÓCIOS INTERNACIONAIS

Gestão de finanças internacionais

Alex Sandro Monteiro de Moraes
Carlos Alberto Decotelli da Silva
Ivando Silva de Faria
Ricardo Bordeaux-Rêgo

FGV management

FGV EDITORA

Copyright © 2013 Alex Sandro Monteiro de Moraes, Carlos Alberto Decotelli da Silva, Ivando Silva de Faria, Ricardo Bordeaux-Rêgo

Direitos desta edição reservados à
EDITORA FGV
Rua Jornalista Orlando Dantas, 37
22231-010 — Rio de Janeiro, RJ — Brasil
Tels.: 0800-021-7777 — (21) 3799-4427
Fax: (21) 3799-4430
e-mail: editora@fgv.br — pedidoseditora@fgv.br
web site: www.fgv.br/editora

Impresso no Brasil / *Printed in Brazil*

Todos os direitos reservados. A reprodução não autorizada desta publicação, no todo ou em parte, constitui violação do copyright (Lei nº 9.610/98).

Os conceitos emitidos neste livro são de inteira responsabilidade dos autores.

1ª edição, 2013.

Revisão de originais: Sandra Frank
Editoração eletrônica: FA Editoração
Revisão: Fatima Caroni e Jun Shimada
Capa: aspecto:design
Ilustração de capa: Fesouza

Moraes, Alex Sandro Monteiro de
    Gestão de finanças internacionais / Alex Sandro Monteiro de Moraes...[et al.]. – Rio de Janeiro : Editora FGV, 2013.
    158 p. – (Comércio exterior e negócios internacionais (FGV Management))

    Em colaboração com Carlos Alberto Decotelli da Silva, Ivando Silva de Faria, Ricardo Bordeaux-Rêgo.
    Publicações FGV Management.
    Inclui bibliografia.
    ISBN: 978-85-225-1358-1

    1. Finanças internacionais. I. Silva, Carlos Alberto Decotelli da. II. Faria, Ivando Silva de. III. Bordeaux-Rêgo, Ricardo. IV. FGV Management. V. Fundação Getulio Vargas. VI. Título. VII. Série.

                                           CDD — 332.042

Aos nossos alunos e aos nossos colegas docentes, que nos levam a pensar e repensar nossas práticas.

Sumário

Apresentação 11

Introdução 15

1 | **Sistema financeiro internacional** 17
   Globalização financeira 17
   Evolução e características do sistema financeiro internacional 18
   Arquitetura do sistema financeiro global 22
   Exposição cambial 26
   Paridade de poder de compra (PPC) 31
   Efeito Fisher 32
   A dimensão internacional da estrutura de capital 35
   Administração internacional de capital de giro 41
   Classificação de risco: agências de rating 44
   Mercado de câmbio 45
   Resumo do capítulo 46

2 | **Captação de recursos no mercado internacional de títulos** 49

Considerações iniciais 49

Mercados de dívida no contexto internacional 50

Tipos de instrumentos 57

Estrutura e precificação de bônus no mercado internacional 60

Captações de recursos por meio de bônus pelas empresas brasileiras 67

Medidas de retorno tradicionais 68

Curva de rendimentos 73

Taxas a termo (forward rates) 78

Resumo do capítulo 79

3 | **Operações estruturadas nas finanças internacionais** 81

Securitização de contratos de exportação 81

Convênio de Pagamentos e Créditos Recíprocos (CCR) da Aladi 85

Operações back to back 87

O crédito bancário (banking) 95

Forfaiting 98

Factoring 102

Operações de leasing 104

Pré-pagamento de exportação e operações de ACC e ACE 110

Proex e BNDES 111

Resumo do capítulo 112

4 | Gestão de riscos 115

Tipos de riscos 115
Mercado de balcão (OTC) versus mercado organizado 117
Mercado organizado: estrutura e organização 119
Mercado organizado: operações 122
Mercado organizado: estratégias 123
Mercados de derivativos: modalidades de operações 125
Resumo do capítulo 146

Conclusão 149

Referências 151

Os autores 155

Apresentação

Este livro compõe as Publicações FGV Management, programa de educação continuada da Fundação Getulio Vargas (FGV).

A FGV é uma instituição de direito privado, com mais de meio século de existência, gerando conhecimento por meio da pesquisa, transmitindo informações e formando habilidades por meio da educação, prestando assistência técnica às organizações e contribuindo para um Brasil sustentável e competitivo no cenário internacional.

A estrutura acadêmica da FGV é composta por nove escolas e institutos, a saber: Escola Brasileira de Administração Pública e de Empresas (Ebape), dirigida pelo professor Flavio Carvalho de Vasconcelos; Escola de Administração de Empresas de São Paulo (Eaesp), dirigida pela professora Maria Tereza Leme Fleury; Escola de Pós-Graduação em Economia (EPGE), dirigida pelo professor Rubens Penha Cysne; Centro de Pesquisa e Documentação de História Contemporânea do Brasil (Cpdoc), dirigido pelo professor Celso Castro; Escola de Direito de São Paulo (Direito GV), dirigida pelo professor Oscar Vilhena Vieira; Escola de Direito do Rio de Janeiro (Direito Rio), dirigida pelo professor Joaquim Falcão; Escola de Economia de São Paulo (Eesp), dirigida pelo professor Yoshiaki Nakano; Instituto Brasileiro de Economia (Ibre), dirigido pelo professor Luiz Guilherme Schymura de Oliveira; e Escola de Matemática Aplicada (Emap), dirigida pela professora Maria Izabel Tavares Gramacho. São diversas unidades com a marca FGV, trabalhando com a mesma filosofia: gerar e disseminar o conhecimento pelo país.

Dentro de suas áreas específicas de conhecimento, cada escola é responsável pela criação e elaboração dos cursos oferecidos pelo Instituto de Desenvolvimento Educacional (IDE), criado em 2003, com o objetivo de coordenar e gerenciar uma rede de distribuição única para os produtos e serviços educacionais produzidos pela FGV, por meio de suas escolas. Dirigido pelo professor Rubens Mario Alberto Wachholz e contando com a direção acadêmica da professora Maria Alice da Justa Lemos, o IDE engloba o programa FGV Management e sua rede conveniada, distribuída em todo o país (ver www.fgv.br/fgvmanagement), o programa de ensino a distância FGV Online (ver www.fgv.br/fgvonline), a Central de Qualidade e Inteligência de Negócios e o programa de cursos corporativos In Company (ver http://www.fgv.br/FgvInCompany) Por meio de seus programas, o IDE desenvolve soluções em educação presencial e a distância e em treinamento corporativo customizado, prestando apoio efetivo à rede FGV, de acordo com os padrões de excelência da instituição.

Este livro representa mais um esforço da FGV em socializar seu aprendizado e suas conquistas. Ele é escrito por professores do FGV Management, profissionais de reconhecida competência acadêmica e prática, o que torna possível atender às demandas do mercado, tendo como suporte sólida fundamentação teórica.

A FGV espera, com mais essa iniciativa, oferecer a estudantes, gestores, técnicos e a todos aqueles que têm internalizado o conceito de educação continuada, tão relevante na era do conhecimento na qual se vive, insumos que, agregados às suas práticas, possam contribuir para sua especialização, atualização e aperfeiçoamento.

Rubens Mario Alberto Wachholz
Diretor do Instituto de Desenvolvimento Educacional

Mario Couto Soares Pinto
Diretor Executivo do FGV Management

Sylvia Constant Vergara
Coordenadora das Publicações FGV Management

Introdução

Por que conhecer finanças internacionais? Vivemos em um mundo globalizado, em que há integração da economia mundial. Importamos, entre outros produtos, computadores dos Estados Unidos, vinhos da França e azeites de Portugal. Todavia, vendemos carne, soja e suco de laranja para o mercado externo.

Nesse cenário de estreitamento das relações econômicas entre os países, surgem valiosas oportunidades de negócios para as empresas brasileiras com potencial para aproveitá-las. Entre essas oportunidades, destacam-se a entrada em mercados consumidores estrangeiros e o acesso a fontes de financiamento com custos mais baixos que os das opções existentes no mercado doméstico.

Por outro lado, essas oportunidades trazem consigo riscos específicos, inexistentes para as empresas que operam somente no mercado local, por exemplo, o risco de câmbio.

Tendo esse contexto como pano de fundo, escrevemos este livro, cujo propósito é apresentar os principais aspectos relacionados às praticas atualmente adotadas pelas empresas com perspectiva global no que tange à gestão das finanças internacionais.

O livro compreende quatro capítulos, além desta introdução e da conclusão.

O primeiro capítulo trata da evolução do sistema financeiro internacional, do mercado de câmbio, e apresenta pontos relevantes acerca da administração de capital de giro internacional.

No segundo capítulo, são apresentados os principais títulos de dívidas negociados no mercado financeiro internacional.

O terceiro capítulo versa sobre as principais operações estruturadas de crédito disponíveis para as empresas no mercado internacional.

Finalmente, o quarto capítulo discute a gestão de risco, tema de grande importância para aquelas empresas expostas a riscos globais.

1

Sistema financeiro internacional

A globalização financeira das últimas décadas tem demandado mudanças no sistema financeiro internacional. O comércio e o fluxo de capitais de investidores e especuladores internacionais estão cada vez mais dinâmicos, desafiando as autoridades monetárias a uma constante adaptação. Dessa forma, os mecanismos multilaterais de controle têm sido modernizados. Sistemas que funcionavam bem em um mundo segmentado em blocos econômicos distintos não mais atendem à dinâmica atual.

Este capítulo introduz conceitos fundamentais para a compreensão do sistema financeiro internacional, sua evolução e suas implicações na gestão de finanças internacionais.

Globalização financeira

O aumento das transações entre países, empresas multinacionais e o crescimento econômico mundial, bem como o desenvolvimento da tecnologia da informação, tornaram o mercado global mais integrado. Além disso, a ausência de rivalidade entre grandes blocos econômicos permite que as transações entre países de diversas regiões sejam mais livres. Se, por um lado, isso facilita as transações comerciais, por outro, traz riscos e procedimentos adicionais a serem administrados. Nesse sentido, o sistema monetário internacional se comporta como um organismo em que os fluxos de capitais oriundos dos negócios entre países são liquidados e há determinação das taxas de câmbio. A seguir, será apresentado um histórico do sistema monetário internacional.

Evolução e características do sistema financeiro internacional

Assistiu-se, nas últimas décadas, à evolução acelerada dos sistemas de informação. Transações que outrora levavam semanas para serem concluídas, demandando serviços de correio, fluxo físico de documentos, autenticações, entre outros, foram substituídas por operações eletrônicas, muito mais ágeis e também volumosas. O sistema financeiro internacional tem evoluído para acompanhar a dinâmica dos negócios.

A seguir será apresentado o chamado "padrão ouro", mais antiga referência de valor de que se tem notícia.

Padrão ouro

Desde a Antiguidade, o ouro tem sido utilizado como referência de valor. Segundo Eitman, Stonehill e Moffet (2002), gregos e romanos legaram a tradição de utilizar moedas de ouro aos países mais ativos da era mercantil do século XIX. Desse modo, os países mantinham o valor de suas moedas referenciado em ouro. O chamado padrão ouro se consolidou a partir dos anos 1870, segundo os autores. Esse sistema funcionava da seguinte forma: cada país estabelecia o valor da sua moeda em função da conversão dela por um certo peso de ouro (a onça).

Segundo Shapiro (2009), no período compreendido entre 1878 e 1914, uma onça de ouro valia US$ 20,67 ou £ 4,2474. Dessa forma, a conversão dólar por libra podia ser feita dividindo-se o valor da onça de ouro em dólares pelo respectivo valor em libras:

US$ 20,67 / £ 4,2474 = US$ 4,867/£

O padrão ouro, que vigorou de 1876 a 1913, demandava que os países mantivessem reservas de ouro para sustentar suas moedas. Esse sistema funcionou até o início da I Guerra Mundial. Durante o conflito e até o inicio dos anos 1920, as moedas flutuaram intensamente. Nos anos seguintes o comércio não cresceu proporcionalmente ao produto interno bruto mundial, reduzindo bastante o volume durante a Grande Depressão, que ocorreu a partir de 1929 até o final dos anos 1930.

Período de 1925-31

O padrão ouro que fora desorganizado pela I Guerra Mundial teve um breve retorno entre 1925 e 1931, embora modificado. Segundo Shapiro (2009), as regras determinavam que os Estados Unidos e a Inglaterra deveriam ter reservas apenas de ouro, enquanto os outros países poderiam mesclar ouro, dólares americanos e libras em suas reservas domésticas. Isso se encerrou em 1931, quando a Inglaterra desvalorizou a libra, afastando-se da paridade com o ouro. A desorganização do mercado monetário internacional, após o fracasso do padrão ouro, é apontada como um dos fatores que agravaram a Grande Depressão dos anos 1930.

A conversibilidade de moedas foi-se deteriorando, de modo que a única moeda a permanecer conversível após a II Guerra Mundial foi o dólar americano. Isso ocorreu em decorrência das determinações da Conferência de Bretton Woods, apresentada a seguir.

Bretton Woods

Em 1944, na Conferência de Bretton Woods, New Hampshire, USA, foi criado um novo sistema monetário internacional. Nessa ocasião surgiram o Fundo Monetário Internacional (FMI) e o Banco Mundial. O sistema criado foi baseado no dólar americano. As moedas deveriam ter seus valores definidos com base no ouro, sem, entretanto, que os países necessitassem manter reservas do metal. O dólar permaneceu conversível em relação ao ouro à razão de US$ 34,00 por onça. Dessa forma, todas as moedas passaram a ter sua cotação em dólares americanos.

No período entre 1946, quando foi implementado o acordo, e 1971, a conversibilidade em dólar do ouro funcionou conforme acertado no acordo. Em agosto de 1971, os Estados Unidos suspenderam as aquisições de ouro e, naquele ano, o dólar se desvalorizou. Isso foi motivado pela perda de cerca de $^1/_3$ de suas reservas de ouro. Durante o ano de 1971 muitas moedas se valorizaram em relação ao dólar. Em 1973, o dólar se desvalorizou em cerca de 10%, e os mercados de câmbio chegaram a ficar fechados por várias semanas. A crise do petróleo no final de 1973, indexando seus preços em dólar, restituiu à desvalorizada moeda americana algum prestígio. Os anos seguintes assistiram a crises e recuperações da moeda norte-americana.

De 1973 até 2012

De 1973 até 2012 convivem vários regimes de taxas de câmbio globais, desde acordos de câmbio como o do euro, até flutuações independentes encontradas no Brasil, Estados Unidos, México, Reino Unido e outros países.

As crises nos mercados emergentes provocaram bruscas flutuações de moedas. Em 1997 na Ásia, 1998 na Rússia e 1999 no Brasil, as empresas foram expostas a grandes oscilações de câmbio, acarretando vultosos prejuízos às que estavam sujeitas ao risco cambial. No Brasil, as ações das empresas listadas em bolsa sofreram sérias quedas durante os dias da crise, recuperando parte de seus prejuízos após a desvalorização do real.

Após 1973, com o fim de Bretton Woods e o fim das taxas de câmbio fixas, os bancos e demais instituições financeiras passaram a operar em arbitragem das taxas de câmbio presentes e futuras, em diversos mercados. Desse modo, a compra e a venda de moedas estabeleceram, pela relação de oferta e demanda, um equilíbrio de mercado para o câmbio. Os volumes transacionados aumentaram, atingindo trilhões de dólares diários.

Banco Mundial

O Banco Mundial surgiu a partir do Banco Internacional para Reconstrução e Desenvolvimento (Bird), na Conferência de Bretton Woods, em 1944, junto com o Acordo Geral de Tarifas e Comércio (Gatt). Originalmente, o Banco Mundial era constituído pelo Bird, com a missão de financiar a reconstrução dos países destruídos pela II Guerra Mundial. Isso evoluiu, com o tempo, para o financiamento do desenvolvimento dos países mais pobres.

Fundo Monetário Internacional (FMI)

Também criado na Conferência de Bretton Woods, o FMI tem como missão promover o bom funcionamento do sistema financeiro internacional, por meio de consultas e assistência a seus países-membros. Socorre os membros quando seu equilíbrio no balanço de pagamentos está ameaçado. Sua equipe também participa de programas de ajuste em países-membros quando necessário, implementando medidas indispensáveis ao seu equilíbrio financeiro.

Bank of International Settlements (BIS)

Criado em maio de 1930 para tratar das reparações de guerra oriundas do final da I Guerra Mundial, teve sua missão alterada para assessorar os bancos centrais no processo de busca de estabilidade monetária e financeira, promovendo a cooperação internacional e atuando como um banco para os bancos centrais. Sua sede fica na Basileia, onde foram celebrados os acordos internacionais Basileia I e II que regulamentam a atividade bancária no mundo. Isso não impediu, entretanto, que na crise de 2008 vários bancos se apresentassem fora dos limites de risco estabelecidos nesses acordos.

A seguir, será detalhada a arquitetura do sistema financeiro global, para que se possa compreender melhor sua evolução.

Arquitetura do sistema financeiro global

Segundo Levine (1997, 2002), a estrutura de um sistema financeiro pode ser baseada em bancos (*bank-based*) ou em mercados (*market-based*). O sistema *bank-based*, principalmente na fase inicial do desenvolvimento econômico, tende a gerar maior crescimento econômico. Por outro lado, de acordo com o autor, o sistema *market-based* provê serviços financeiros centrais que estimulam inovação e crescimento de longo prazo. Levine (1997, 2002) enfatiza ainda as funções relevantes para o desenvolvimento econômico de ambos os sistemas – os baseados em bancos ou em mercados – na seleção de empresas, no controle da atividade empresarial e na criação de mecanismos para gestão de riscos. O autor conclui que a base legal em que se sustentam os negócios de uma economia é mais importante para o desenvolvimento econômico do que o tipo de arquitetura do sistema financeiro. Há evidências de que o amparo legal ao investimento estrangeiro pode gerar desenvolvimento econômico de longo prazo.

Um olhar objetivo sobre a arquitetura dos sistemas financeiros em geral nos permite constatar a coexistência dos sistemas baseados em bancos e em mercados. As arquiteturas baseadas em bancos, com operações realizadas em mercado de balcão, e as baseadas em mercado, com operações realizadas em mercados organizados. As estruturas baseadas em bancos tenderão, portanto, a produzir contratos particulares e pactuados diretamente entre as partes. Esse formato atende bem a demandas específicas, não padronizadas e pouco frequentes de negócios. A sensação de segurança do agente econômico advém da credibilidade conquistada pela instituição bancária. Pode-se concluir que a arquitetura do sistema financeiro baseada em bancos é a que surge no início do desenvolvimento econômico e se sustenta no arcabouço legal dos contratos assinados com os bancos e nas incipientes leis que dão proteção ao investidor.

O sistema baseado em mercado depende de um arcabouço legal mais amadurecido e que proveja a proteção do investidor de forma ampla. É o ambiente do coletivo, do padronizado, do frequente e, sendo assim, necessita de uma adequada estrutura subjacente – centros de transação, câmaras de liquidação e *clearing houses* – que viabilize a sensação coletiva de segurança. Uma estrutura mais evoluída e mais fácil de encontrar em países desenvolvidos. Provavelmente uma estrutura mais eficiente para interligar economias deficitárias e superavitárias de diversas origens.

As transações em mercado de balcão têm obtido o suporte de empresas que realizam a liquidação de operações entre balcões de países diversos, o que gera maior grau de segurança para tais transações. Duas empresas se destacam globalmente na prestação dos serviços de liquidação e compensação de operações financeiras: Euroclear, no contexto europeu, e Swift, nos Estados Unidos da América.

O contexto *market-based* tem três utilidades básicas para a gestão empresarial: fonte de financiamento, gestão de riscos e conteúdo informacional de valor e de expectativas. As grandes empresas globais e de capital aberto usufruem dessas estruturas de mercado nos países em que atuam, quando elas existem. Dois tipos de mercados organizados têm sido característicos das economias *market-based* e formalizam os serviços acima: as bolsas de valores e as bolsas de futuros. Constatamos que os mercados organizados estão se transformando em empresas de capital aberto prestadoras de serviços financeiros.

As bolsas de valores são ambientes com a estrutura subjacente aos mercados organizados e que negociam ativos financeiros, ações e debêntures emitidos por empresas de capital aberto. Viabilizam a negociação em mercado secundário, gerando liquidez aos ativos financeiros emitidos pelas empresas em mercado primário (de balcão). As ações e debêntures são duas fontes de financiamento da atividade empresarial que se realizam respectivamente via patrimônio líquido e passivo empresarial. É também nas bolsas de valores que ocorre um contínuo processo de atribuição de valor às empresas listadas. O valor atribuído às empresas no contexto dos mercados organizados é considerado fidedigno, uma vez que os preços são formados segundo regras estabelecidas pelas bolsas, em mercado aberto de que todos podem participar, portanto, agregando o coletivo das expectativas no centro de transação. Pela via das bolsas de valores os agentes econômicos obtêm informações quanto ao valor das empresas diariamente, o que contribui para a tomada de decisões na composição de carteiras de investimentos. As empresas se beneficiam das estruturas de mercado primário e bolsa de valores para se financiar.

As bolsas de futuros são mercados organizados que negociam contratos de derivativos. Uma estrutura direcionada a viabilizar a transferência de riscos entre os agentes econômicos. Pode-se dizer que uma bolsa de futuros negocia somente a *commodity* fator de risco entre *hedgers* (vendedores de risco) e especuladores (compradores de risco). É objeto de negociação em bolsa de futuros qualquer fator de risco que possa ameaçar os fluxos de caixa empresariais. Como exemplos podemos citar petróleo, taxas de câmbio, metais, índices de bolsa e produtos agropecuários. Nas bolsas de futuros encontram-se contratos a futuro e sobre opções das mais diversas *commodities*. Os contratos podem ser negociados para diversos horizontes temporais conforme os vencimentos autorizados pela bolsa de futuros. Os contratos, para os diversos vencimentos, são negociados por meio de sistemas de negociação que garantem qualidade na formação dos preços. Sendo assim, as bolsas de futuros constituem-se em ambientes vocacionados à gestão de risco e produzem um conteúdo informacional sobre a expectativa de comportamento futuro dos preços das diversas *commodities*. Ambos os aspectos contribuem para o aumento da eficiência da gestão empresarial.

O mercado de balcão também atua no sentido de gerar financiamento para a atividade empresarial por meio do mercado de crédito e para viabilizar operações de gestão de risco feitas sob medida por especialistas. Operações como opções exóticas, NDFs e *swaps*, as quais serão detalhadas no capítulo 4, são características desses ambientes. No entanto, o mercado de balcão não tem fidedignidade na formação de preço em mercado pelo caráter particular das operações realizadas de forma territorialmente dispersa e opaca, uma vez que não se difundem as informações relativas às operações realizadas em balcão.

A flutuação das moedas e sua volatilidade trazem riscos às empresas que transacionam internacionalmente, os quais serão apresentados a seguir.

Exposição cambial

Os fluxos de caixa de uma empresa e, consequentemente, sua rentabilidade, podem estar sujeitos às mudanças de taxas de câmbio. A esse efeito chama-se exposição cambial. Pode ser subdivido em exposição de transação, operacional e contábil.

Exposição de transação

Esse tipo de exposição mede as alterações nos valores de títulos ou obrigações já contratados por uma empresa, em virtude de mudança na taxa de câmbio.

Desse modo, os fluxos de caixa podem mudar em consequência de alterações no câmbio. Operações de *hedge*, apresentadas mais adiante, podem proteger a empresa desses efeitos.

Um exemplo de exposição de transação é a aquisição de equipamentos no exterior, financiados em moeda estrangeira. Se, na data do pagamento, a moeda local tiver se desvalorizado em relação à cotação original, o comprador será obrigado a dispender mais recursos para honrar a obrigação.

Outra situação comum é a exportação de produtos faturando em dólares americanos. O exemplo apresentado a seguir ilustra a exposição de transação em uma situação de exportação.

Exemplo 1: Uma empresa brasileira somente consegue vender seus produtos no exterior se faturar em dólares. Essa empresa vendeu e embarcou produtos a um cliente americano com prazo de pagamento de 60 dias. Na data 0, o dólar está cotado a R$ 1,88. O valor da transação é de US$ 80 mil.

Quantifique o risco de transação nos seguintes cenários: pessimista: US$ = R$ 1,85; esperado: US$ = R$ 1,88; otimista US$ = R$ 1,91.

Solução: O cenário esperado é o mais provável, de modo que se deve calcular o valor convertido em reais para cada cenário e subtraí-lo do valor esperado:

- pessimista: US$ 80.000,00 × 1,85 R$/US$ = R$ 148.000,00
- esperado: US$ 80.000,00 × 1,88 R$/US$ = R$ 150.400,00
- otimista: US$ 80.000,00 × 1,91 R$/US$ = R$ 152.800,00

O quadro 1 apresenta a exposição de transação.

Quadro 1
EXPOSIÇÃO DE TRANSAÇÃO

Cenário	Valor esperado da cotação do US$ em R$	Exposição de transação
Pessimista	1,85	–R$ 2.400,00
Esperado	1,88	0
Otimista	1,91	+R$ 2.400,00

Exposição operacional

É uma exposição estratégica, pois mede a mudança no valor presente da empresa devido a mudanças inesperadas nas taxas de câmbio. O período recente de sobrevalorização do real acarretou perdas importantes aos exportadores, com preços em dólar definidos pelo mercado internacional e valores declinantes em reais em razão do câmbio.

A diferença entre a exposição operacional e a de transação é que a operacional envolve os fluxos de caixa futuros (esperados) ao passo que a de transação envolve fluxos de caixa já contratados. O exemplo 2 ilustra a exposição operacional.

Exemplo 2: Uma empresa exportadora tem fluxos de caixa líquidos de US$ 2 milhões por ano. Supondo que seu custo de capital em reais seja de 14% ao ano (a.a.) e sua vida útil seja de 30 anos, qual o valor presente da empresa em reais para as taxas de câmbio indicadas em cada cenário, supondo que elas não se alterem?

Solução: Devemos encontrar o valor presente dos futuros fluxos de caixa descontados pelo custo de capital da empresa.

a) *Cenário esperado*: 1 US$ = R$ 2,00.
O fluxo de caixa anual é de R$ 4 milhões (US$ 2.000.000,00 × R$/US$ 2,00).
O valor da empresa é dado pela soma dos valores presentes dos futuros fluxos de caixa descontados ao custo de capital da empresa. Isso pode ser obtido utilizando-se uma calculadora HP-12 C da seguinte forma:
4.000.000,00 CHS PMT
14 i
30 n
PV= R$ 28.010.656,45.
Analogamente, para os dois outros cenários:

b) *Cenário pessimista*: 1 US$ = R$ 1,85 – o fluxo de caixa anual será de R$ 3,7 milhões e o valor da empresa:
3.700.000,00 CHS PMT
14 i
30 n
PV= R$ 25.909.857,22.

c) *Cenário otimista:* 1 US$ = R$ 2,20 – o fluxo de caixa anual será de R$ 4,4 milhões e o valor da empresa:
4.400.000,00 CHS PMT
14 i
30 n
PV= R$ 30.811.722,09.

A exposição operacional é obtida pela diferença entre o valor da empresa no cenário esperado e o de cada um dos outros cenários.

Resumindo, o quadro 2 demonstra a exposição operacional.

Quadro 2
EXPOSIÇÃO OPERACIONAL

Valor esperado da cotação do US$ em R$	Exposição operacional
1,85	–R$ 2.100.799,23
2,00	0
2,20	+R$ 2.801.065,64

Exposição contábil

Também denominada conversão, segundo Eitman, Stonehill e Moffet (2009), origina-se na consolidação das demonstrações financeiras das empresas coligadas, expressas em moeda estrangeira. Esse processo contábil pode adicionar ou reduzir valor ao patrimônio líquido e ao lucro da empresa no caso de oscilações cambiais.

Dessa forma, demonstrativos em moeda estrangeira devem ser convertidos para a moeda nacional da matriz.

Os países geralmente definem o método de conversão a ser utilizado pelas empresas estrangeiras. As empresas devem ser avaliadas pela moeda que determina sua viabilidade econômica.

Os Estados Unidos utilizam, por exemplo, as normas descritas no Fasb52, que é um conjunto de procedimentos para a conversão de balanços.

O Comitê de Normas Contábeis Internacionais International Accounting Standards (IAS), segundo Eitman, Stonehill e Moffet (2009), regulamenta a conversão.

A principal técnica para lidar com a exposição contábil é o *hedge* de balanço patrimonial. De fato, algumas empresas tentam fazer *hedge* das suas exposições contábeis no mercado a termo, gerando um ganho em especulação para fazer frente a um eventual prejuízo contábil na conversão. Um problema é o fato de que o lucro do *hedge* é tributável, enquanto o prejuízo na conversão não gera benefício fiscal. O *hedge* será tratado adiante. O exemplo 3 ilustra a exposição contábil.

Exemplo 3: Uma empresa exportadora tem custos em reais e receitas em dólares. Estuda dois cenários para o dólar. De forma simplificada, seu demonstrativo de resultados na data 0, para o *cenário 1* (US$ = R$ 1,90) é:

Item	Valores	Valores convertidos em R$ para 1 US$ = 1,90 R$
Receita operacional líquida	US$ 2.500.000,00	4.750.000,00
(−) Custo dos produtos vendidos	R$ 2.850.000,00	2.850.000,00
(=) Lucro antes de juros, impostos, depreciação e amortizações (Ebitda)		1.900.000,00
(−) Depreciação	R$ 400.000,00	400.000,00
(−) Juros	R$ 180.000,00	180.000,00
(=) Lucro antes do imposto de renda (Lair)		1.320.000,00
(−) Imposto de renda (34%)		448.800,00
(=) Lucro líquido		871.200,00
(+) Depreciação	R$ 400.000,00	400.000,00
(=) Fluxo de caixa operacional		1.271.200,00
(−) Investimentos de capital	R$ 600.000,00	600.000,00
(−) Necessidade de capital de giro	R$ 300.000,00	300.000,00
(=) Lucro líquido aos acionistas		371.200,00

A planilha a seguir corresponde ao *cenário 2* (US$ = R$ 1,80). Os resultados para o **cenário 2** estão em negrito:

Item	Valores	Valores convertidos em R$ para 1 US$ = 1,80 R$
Receita operacional líquida	US$ 2.500.000,00	4.500.000,00
(−) Custos dos produtos vendidos	R$ 2.850.000,00	2.850.000,00
(=) Lucro antes de juros, impostos, depreciação e amortizações (Ebitda)		1.650.000,00
(−) Depreciação	R$ 400.000,00	400.000,00
(−) Juros	R$ 180.000,00	180.000,00
(=) Lucro antes do imposto de renda (Lair)		1.070.000,00
(−) Imposto de renda (34%)		363.800,00
(=) Lucro líquido		706.200,00
(+) Depreciação	R$ 400.000,00	400.000,00
(=) Fluxo de caixa operacional		1.106.200,00
(−) Investimentos de capital	R$ 600.000,00	600.000,00
(−) Necessidade de capital de giro	R$ 300.000,00	300.000,00
(=) Lucro líquido aos acionistas		206.200,00

A seguir a paridade de poder de compra, utilizada para a determinação do valor relativo entre moedas, será apresentada.

Paridade de poder de compra (PPC)

Uma cesta de produtos deveria ter, em mercados relativamente eficientes, o mesmo preço. Desse modo, as taxas de inflação do próprio país e do país estrangeiro cuja moeda se quer avaliar devem ser levadas em consideração.

Dessa forma, se i_h e i_f são as taxas de inflação para o próprio país e o estrangeiro, respectivamente; e_0 é o valor do dólar em unidades da moeda do próprio país e e_t é a taxa de câmbio no período t, temos, de acordo com a equação (1):

$$\frac{e_t}{e_0} = \frac{(1+i_h)^t}{(1+i_f)^t} \qquad (1)$$

O exemplo 4 ilustra uma aplicação.

Exemplo 4: Se os Estados Unidos e o Brasil tiverem uma inflação de 3% e 4%, respectivamente, e a taxa de câmbio inicial for de US$ = R$ 2,00 (ou R$ = US$ 0,50), então, de acordo com a expressão da PPC, a taxa de câmbio em um ano seria, em dólares por real (ponto de vista dos americanos):

$$e_1 = US\$\ 0,50 \times \frac{(1+0,03)}{(1+0,04)} = US\$\ 0,4952$$

US$ 0,4952 seria o valor em dólares de R$ 1 daqui a um ano.

De outra forma fazendo a conta pelo ponto de vista dos brasileiros:

$$e_1 = R\$\ 2,0 \times \frac{(1+0,04)}{(1+0,03)} = R\$\ 2,0194$$

Dessa forma, moedas com maiores taxas de inflação devem se desvalorizar mais do que moedas com menores taxas.

Efeito Fisher

Taxas de juros nominais em cada país são iguais à taxa de retorno real exigida mais um prêmio pela inflação esperada. Essa conclusão, formulada por Irving Fisher em 1930, tem o nome de "efeito Fisher" e é demonstrada por meio da equação (2):

$$(1 + i_R) = \frac{(1 + i_N)}{(1 + i)} \qquad (2)$$

onde, i_R é a taxa real de retorno exigida, i_N é a taxa nominal de retorno e i a inflação esperada.
O exemplo 5 ilustra a aplicação.

Exemplo 5: Se a taxa nominal de retorno exigida for de 6% e a taxa de inflação esperada for de 4%, a taxa real de retorno será:

$$(1 + i_R) = \frac{(1 + 1,06)}{(1 + 0,04)} = 1,0192$$

Dessa forma, a taxa real deverá ser de 1,92% a.a.

Efeito Fisher internacional

No equilíbrio, e sem interferência do governo, podemos constatar que diferenças nas taxas nominais de juros de dois países serão aproximadamente iguais às diferenças entre taxas de inflação esperadas entre esses países. Essa relação é demonstrada pela equação (3):

$$\frac{(1 + r_h)}{(1 + r_f)} = \frac{(1 + i_h)}{(1 + i_f)} \qquad (3)$$

onde r_h e r_f são as taxas nominais de juros, respectivamente, para o próprio país (*home*) e para o estrangeiro (*foreign*).

A essa expressão denomina-se "efeito Fisher generalizado", segundo Shapiro (2009).

Uma elevação da inflação brasileira em relação às de outros países provocará uma queda no valor do real. Isso também ocorrerá se houver uma elevação das taxas de juros brasileiras em relação às de outros países. Essas duas condições levam ao chamado "efeito Fisher internacional", representado pela equação (4):

$$\frac{(1+r_h)}{(1+r_f)} = \frac{e_1}{e_0} \qquad (4)$$

onde r_h e r_f são as taxas nominais de juros, respectivamente, para o próprio país (*home*) e para o estrangeiro (*foreign*); e_1 e e_0 são a taxa de câmbio esperada para o período 1 e a taxa de câmbio atual, respectivamente.

Se a taxa de futuro (*forward*) for considerada uma boa previsão da taxa futura, então $f_1 = e_1$ e a equação 4 poderá ser substituída pela equação (5):

$$\frac{(1+r_h)}{(1+r_f)} = \frac{f_1}{e_0} \qquad (5)$$

O exemplo 6 ilustra a aplicação.

Exemplo 6: Em um determinado momento a taxa de juros projetada de um ano é de 9% em reais e 3% em dólares americanos. Calcule:

(1) se a taxa de câmbio em reais é de R\$ 1,90 = US\$ 1, qual será a taxa esperada em um ano?

Solução: de acordo com o efeito Fisher internacional, equação (5):

$$f_1 = e_0 \frac{(1+r_h)}{(1+r_f)} = 1{,}90 \times \frac{(1+0{,}09)}{(1+0{,}03)} = R\$\ 2{,}0107$$

(2) se houver uma mudança na expectativa de inflação no Brasil, e a taxa de câmbio futura for de R\$ 2,05 = US\$ 1, o que deveria haver com a taxa de juros no Brasil?

Solução:

$$\frac{(1 + r_h)}{(1 + 0{,}03)} = \frac{2{,}05}{1{,}90}$$. Desse modo, $1 + r_h = 1{,}1113$, o que faz $r_h = 0{,}1113 = 11{,}13\%$ a.a.

Em resumo, o efeito Fisher internacional prevê que moedas de países com baixas taxas de juros tenham a expectativa de valorização em relação às moedas de países com taxas mais elevadas.

No Brasil, entretanto, com baixa expectativa de inflação e elevada taxa de juros, além de o país ser polo de atração de investimentos estrangeiros, o fluxo de capitais estrangeiros tem mantido, no período entre 2008 e 2012, o real sobrevalorizado.

Outro importante aspecto do sistema financeiro internacional é o fluxo internacional de capitais. Os mercados de capitais negociam títulos e valores mobiliários representativos de capital próprio (acionistas) e terceiros (credores).

A dimensão internacional da estrutura de capital

Entende-se por estrutura de capital a proporção de capital próprio, dos sócios (acionistas) e de terceiros (credores). O risco internacional afeta a estrutura de capital de uma empresa, seja ela uma multinacional ou não. O custo de capital de uma empresa é um determinante de seu sucesso. Quanto menor for, melhor. Dessa forma, a utilização dos mercados globais de capitais para minimizar os custos de capital de uma empresa deve ser objeto de atenção de um gestor eficiente.

Muitas empresas multinacionais, ao investir no Brasil, o fazem por possuírem recursos a baixo custo, quando comparado ao custo de capital de empresas brasileiras. Entretanto, a valorização do real pode prejudicar essas transações, pois os ativos se tornam mais caros em dólares ou euros.

Desde 2003 houve um grande número de emissões de ações no Brasil, o que está relacionado ao acesso, pelas empresas, ao mercado internacional de capitais. Investidores estrangeiros têm adquirido, em média, 70% das emissões de ações no Brasil. Desse modo, as empresas têm obtido recursos vendendo suas ações a preços atraentes.

No que diz respeito à emissão de títulos de dívida, assistiu-se ao aumento da liquidez internacional nos últimos anos, apesar das crises de liquidez que abateram os mercados europeu e americano. Isso propiciou que mais empresas brasileiras chegassem a mercados antes mais restritos. Com a redução do risco-Brasil, as empresas com maior visibilidade e melhores números puderam alavancar seu crescimento por meio da emissão de eurobônus, por exemplo. O mercado de eurobônus será abordado detalhadamente no capítulo 2.

O Brasil foi, por muito tempo, um mercado segmentado. Esse tipo de mercado é aquele em que os capitais externos não fluem livremente, e as empresas nacionais dificilmente obtêm financiamentos externos.

De fato, já a partir de 1991, antes do Plano Real (1994), investidores estrangeiros têm tido acesso ao mercado brasileiro, facilitando a integração. Em 2012, muitas empresas brasileiras apresentam amplo acesso aos mercados multinacionais, permitindo maior eficiência no seu planejamento financeiro.

Ao participar dos mercados de capitais internacionais, as empresas brasileiras podem obter recursos a custos mais baixos e vender suas ações a preços razoáveis, minimizando seu custo médio ponderado de capital, facilitando a maximização de resultados para os acionistas.

Os riscos internacionais elevam o custo de capital quando:

- prejudicam os fluxos de capitais por meio de restrições impostas por países;
- elevam os custos de emissão de dívida (restrição à liquidez);
- reduzem o interesse em países emergentes (elevação do risco-país);
- promovem oscilações bruscas de câmbio, tornando "cara" a captação de recursos por países emergentes. É o que ocorre, por exemplo, quando há apreciação do real;
- elevam a incerteza quanto ao comportamento do câmbio, tornando os gestores mais cautelosos quanto à emissão de dívida em moeda estrangeira.

A seguir, será apresentado o custo do capital próprio, que é a taxa de retorno exigida pelos acionistas diante do risco de mercado, ou sistemático.

Custo do capital próprio

O modelo de precificação de ativos de capital – *capital asset pricing model* (CAPM) – proposto por Sharpe (1964), Lintner (1965) e Mossin (1966) afirma que um investimento com risco depende de três fatores:

- a taxa livre de risco: R_f;
- o prêmio por risco da carteira de mercado: $(RM - R_f)$;
- o risco sistemático do investimento, em relação ao mercado, denominado β.

A figura 1 apresenta ilustração do modelo CAPM.

Figura 1
Modelo CAPM

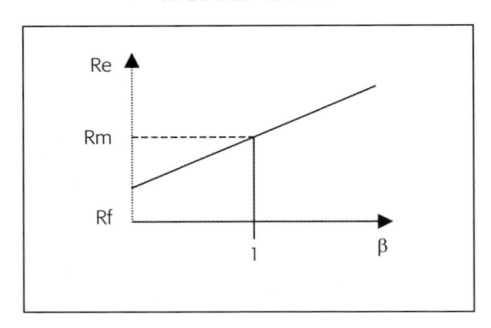

[Figure: graph with axes Re (vertical) and β (horizontal); line rising from Rf at β=0, passing through Rm at β=1]

O retorno esperado (R_e) do capital próprio de uma empresa pode ser obtido por meio da equação (6):

$$R_e = R_f + \beta \times (RM - R_f) \qquad (6)$$

onde R_e é o custo do capital próprio, ou retorno exigido ou retorno esperado e β é o beta estimado do capital próprio.

É preciso conhecer a taxa livre de risco, uma estimativa do prêmio de risco da carteira de mercado ($RM - R_f$) e o beta relevante para o negócio em questão.

No Brasil, a taxa "livre de risco", R_f, pode ser estimada em 0,7 × Selic. O resultado desse produto representa a taxa assumida pelo governo para o rendimento das cadernetas de poupança, levando em conta o imposto de renda sobre os títulos de dívida e as taxas de administração de fundos de investimentos. O prêmio pelo risco da carteira de mercado ($RM - R_f$) para investidores do mercado global com acesso a mercados internacionais, segundo Leal (2002), seria 8,2% a.a. em dólares.

Para investidores internacionais, pode-se adaptar o CAPM utilizando-se o prêmio de risco para o mercado americano em dólares e o β para setores da economia americana. Nesse caso, deve-se somar o prêmio de risco-Brasil. Esse modelo – para o qual existem no mercado várias adaptações – denomina-se "modelo Goldman Sachs" e é utilizado por muitos bancos de investimento.

A equação (7) ilustra o modelo Goldman Sachs:

$$R_e = R_f + \beta \times (RM - R_f) + R_b \qquad (7)$$

onde:

❑ R_e é o custo do capital próprio, ou retorno exigido, ou retorno esperado;
❑ R_f é a taxa livre de risco do mercado americano;
❑ $(RM - R_f)$ é o prêmio pelo risco do mercado americano;
❑ R_b = risco-Brasil.

Os exemplos a seguir ilustram a aplicação.

Exemplo 7: Calcule o custo do capital próprio de uma empresa brasileira cujo setor apresente um beta de 0,85 (obtido em uma tabela americana), a taxa livre de risco seja de 6% a.a. e o prêmio pelo risco do mercado brasileiro seja de 8,2% a.a.

Solução: utilizando-se a equação (6), $R_e = R_f + \beta \times (RM - R_f)$, temos:

$$R_e = 6{,}0 + 0{,}85 \times (8{,}2) = 12{,}97\% \text{ a.a.}$$

Exemplo 8: Uma empresa americana, concorrente da empresa do exemplo anterior, apresenta os seguintes dados: $R_f = 3{,}2\%$ a.a.; $(RM - R_f) = 5\%$ a.a. Qual seu custo do capital próprio?

Solução: utilizando-se a equação (6), $R_e = R_f + \beta \times (RM - R_f)$, temos:

$$R_e = 3{,}2 + 0{,}85 \times (5) = 7{,}45\% \text{ a.a.}$$

Exemplo 9: A empresa do exemplo anterior deseja investir no Brasil. Ela somente trabalha com capital próprio. Se o risco-Brasil for de 2,1% a.a., utilizando os dados dos exemplos 7 e 8, qual seria o custo do capital próprio desse estrangeiro ao investir no Brasil?

Solução: utilizando-se a equação (7), $R_e = R_f + \beta \times (RM - R_f) + R_b$, temos:

$$R_e = 3{,}2 + 0{,}85 \times (5) + 2{,}1 = 9{,}55\% \text{ a.a.}$$

Percebe-se que a taxa é inferior à do exemplo 7, o que mostra que a concorrência entre a empresa estrangeira e a brasileira, no que diz respeito ao custo do capital próprio, favorece a primeira, que possui o menor.

A seguir será apresentado o custo médio ponderado de capital, utilizado por empresas que trabalham com capital próprio e dívida.

Custo médio ponderado de capital (Wacc – weighted average cost of capital)

As empresas podem trabalhar com capital próprio, dos sócios, e capital de terceiros, dos credores. Quando essa estrutura de capital ocorre, o custo de capital da empresa é o resultado de uma ponderação entre as fontes de capital, o qual leva em conta o benefício fiscal obtido no pagamento de juros, que são dedutíveis da base tributável. Dessa forma, define-se:

Valor da empresa = capital total = capital próprio (*equity*) + capital de terceiros (*debt*) ou

$$V = E + D$$

onde:

❏ V é o valor combinado de mercado do capital próprio e de terceiros;

- E é o capital próprio;
- D é o capital de terceiros.

Como são pagos impostos sobre os lucros das empresas, e os juros são considerados despesas financeiras e abatidos dos lucros, temos:

$$\text{WACC} = (E/V) \times R_e + (D/V) \times RD \times (1 - T_c) \qquad (8)$$

onde:

- T_c é a alíquota de imposto de renda da pessoa jurídica;
- R_e é a taxa de juros referente ao custo de capital próprio;
- RD é a referente ao custo do capital de terceiros.

Dessa forma, obtém-se um custo ponderado do capital da empresa, levando em conta o custo do capital próprio (*equity*) e do capital tomado emprestado a terceiros (*debt*).

Exemplo 10: Uma empresa brasileira trabalha com capital próprio e capital de terceiros. Sua estrutura de capital é de 70% de capital próprio (E/V) a um custo de 12% a.a. e 30% de capital de terceiros (D/V) a um custo de 6,5% a.a. A alíquota de IR é de 34%. Calcule seu custo médio ponderado de capital (WACC).

Solução: utilizando-se a equação (8), temos:

$$\text{WACC} = (0,7) \times 12\% + (0,3) \times 6,5\% \times (1 - 0,34) = 9,69\% \text{ a.a.}$$

A seguir serão apresentados alguns aspectos importantes da administração internacional de capital de giro.

Administração internacional de capital de giro

Muitas empresas quebram por falta de capital de giro. Ele é o combustível necessário para que funcione a máquina composta dos ativos operacionais na empresa.

Os balanços apresentam um retrato instantâneo da empresa. O capital de giro existe para equilibrar as necessidades de curto prazo. Sem ele os ativos operacionais não geram os fluxos de caixa esperados. O quadro 3 ilustra a importância do capital de giro na empresa.

Quadro 3
O BALANÇO PATRIMONIAL

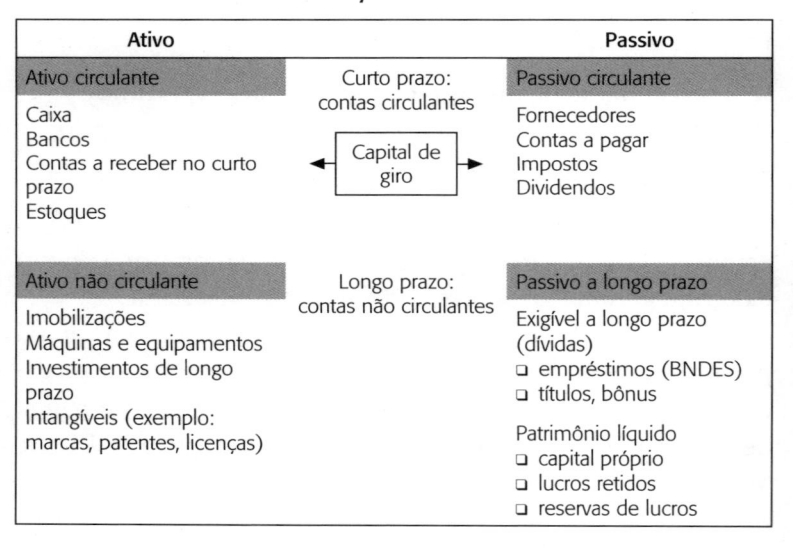

Ativo		Passivo
Ativo circulante Caixa Bancos Contas a receber no curto prazo Estoques	Curto prazo: contas circulantes ← Capital de giro →	**Passivo circulante** Fornecedores Contas a pagar Impostos Dividendos
Ativo não circulante Imobilizações Máquinas e equipamentos Investimentos de longo prazo Intangíveis (exemplo: marcas, patentes, licenças)	Longo prazo: contas não circulantes	**Passivo a longo prazo** Exigível a longo prazo (dívidas) ❏ empréstimos (BNDES) ❏ títulos, bônus Patrimônio líquido ❏ capital próprio ❏ lucros retidos ❏ reservas de lucros

Os gestores de multinacionais devem ser preocupar com os ativos circulantes internacionais, em especial o caixa, mantendo níveis mínimos de liquidez nas diversas moedas, minimizando os riscos. A falta de uma cobertura apropriada em momentos de crise de liquidez internacional pode até levar uma empresa à falência.

Dessa forma, uma empresa multinacional deve, em cada país, realizar as tarefas exigidas de uma empresa doméstica, além de se preocupar com os riscos internacionais.

As necessidades de capital de giro podem ser financiadas em bancos locais, internacionais ou pelas matrizes. As multinacionais têm acesso a diversos mercados, levando a vantagem de poderem diversificar suas fontes de financiamento. Assim, reduzem o risco de falta de liquidez em mercados locais. Com a globalização das crises, entretanto, essa vantagem tende a se reduzir, visto que a liquidez internacional costuma ficar comprometida nesses casos.

Fontes e necessidades de fundos

De modo geral, as atividades que aumentam o saldo de caixa são chamadas de fontes de caixa, que podem ser operacionais ou não operacionais:

❏ as fontes operacionais são ligadas ao processo produtivo ou ao negócio, como o resultado operacional líquido de juros e de impostos;
❏ as fontes não operacionais estão ligadas à liquidação de ativos não operacionais: venda de máquinas, equipamentos e imóveis não necessários à operação. Isso também pode incluir a venda de títulos ou de investimentos em outros negócios.

Fontes internas e externas

Pode-se, também, atender à necessidade de capital de giro (NCG) por meio de fontes internas e externas.
As internas abrangem:

❏ lucros;
❏ sobras de caixa a partir das operações de curto prazo: recebimentos antecipados, pagamentos postergados;
❏ venda e locação de ativos: pode-se vender um imóvel e alugá-lo de volta, gerando caixa e benefício fiscal da despesa com aluguel.

As externas incluem capital próprio dos acionistas e capital de terceiros. O quadro 4, baseado em Di Agustini (1999), resume.

Quadro 4
FONTES DE FINANCIAMENTO

Recursos próprios	Recursos de terceiros
Patrimônio líquido	*Commercial papers* (notas promissórias)
Ativo não circulante	*Factoring* Securitização de recebíveis Debêntures *Hot money* Duplicatas Cheques pré-datados Empréstimos *Sale and lease back* Lei nº 4.131 e Resolução Bacen nº 2.770
	Mecanismos para exportadores: *Export note* ACC *Forfaiting* Finamex
	Mercado de opções (Bolsa de Mercadorias e Futuros)

Fonte: adaptado de Di Agustini (1999).

Essas fontes de financiamento serão abordadas com detalhes no capítulo 3.

A seguir serão apresentadas as agências de *rating*. O *rating* é necessário para a obtenção de recursos de curto ou de longo prazo.

Classificação de risco: agências de rating

A dívida de empresas e países é avaliada por empresas especializadas com alcance global (agências de *rating*). As principais são Standard & Poor's (S&P) e Moody's, ambas americanas.

Os critérios de avaliação baseiam-se na capacidade da empresa de pagar suas dívidas e de gerar fluxos de caixa previsíveis e estáveis. As taxas de juros pagas pela dívida sobem de acordo com o risco assumido. A falta de pagamento do título em um determinado momento, *default*, implica avaliação muito baixa e elevação do custo de captação por muitos anos.

Cláusulas de proteção aos credores/debenturistas são largamente utilizadas para reduzir riscos e evitar abusos. As cláusulas de proteção, ou *covenants*, definem certas ações da empresa emissora dos títulos para proteger os credores.

Cláusulas negativas limitam ou proíbem ações tais como o montante de dividendos pagos, a critério dos credores. Além disso:

❑ em caso de venda ou arrendamento de ativos importantes, os credores deverão ser consultados e concordar;
❑ em caso de fusões com outras empresas, os credores deverão concordar;
❑ proíbem o oferecimento dos ativos como garantia a novos empréstimos.

As cláusulas positivas especificam ações que a empresa concorda em executar ou condições que devem ser mantidas, tais como indicadores de liquidez e endividamento. Além disso, informações devem ser dadas periodicamente, a critério dos credores.

Mercado de câmbio

O objetivo do mercado de câmbio é permitir a conversão do poder de compra de uma moeda em poder de compra em outra. Nada mais é do que negociação entre moedas.

Os maiores participantes do mercado de câmbio são os grandes bancos, corretores internacionais de câmbio, empresas multinacionais, clientes e fornecedores internacionais, além de bancos centrais.

O mercado de câmbio mundial gira trilhões de dólares por dia, segundo o Bank for International Settlements. Um volume dessa natureza demanda um imenso número de profissionais e instituições.

No Brasil, segundo Fortuna (2010), estão autorizados a operar com câmbio os bancos múltiplos com carteira comercial ou de investimento, os bancos comerciais e os bancos de investimentos. As outras instituições apenas atuam em posições compradoras de taxas flutuantes.

Os corretores de câmbio somente atuam no mercado de taxas livres (dólar comercial) e buscam as melhores taxas para os negócios de seus clientes.

São operações de câmbio: compra, venda e arbitragem. Esta última é a entrega de moeda estrangeira em troca de outra moeda estrangeira, com a obtenção de lucro em função de distorções nos diferentes mercados.

Resumo do capítulo

O sistema financeiro internacional evoluiu desde o padrão ouro até o sistema atual de câmbio flutuante. As flutuações cambiais geram exposições ao risco que podem ser classificadas como de transação, operacional ou contábil.

A busca por recursos próprios e de terceiros no mercado internacional pode proporcionar liquidez às empresas, bem como diversificar suas fontes de financiamento, reduzindo o risco.

A falta de capital de giro pode levar uma empresa à falência, e existem vários mecanismos domésticos e internacionais para captação de recursos de curto prazo.

As agências de *rating* classificam empresas e países, e suas avaliações são necessárias para a obtenção de recursos de curto e longo prazos.

O mercado de câmbio movimenta trilhões de dólares por dia em todo o mundo e é regulamentado pelos países mediante acordos internacionais.

A seguir, no capítulo 2, serão apresentadas as fontes de recursos do mercado internacional.

2

Captação de recursos no mercado internacional de títulos

Apresentaremos neste capítulo os principais instrumentos do mercado financeiro internacional à disposição das empresas e governos para o financiamento de seus projetos. Além disso, abordaremos as estruturas de pagamento e precificação desses instrumentos.

Considerações iniciais

Fruto da globalização das economias e mercados financeiros, ocorrida no final da década de 1980, o uso de capital externo por governos e empresas como instrumento de política e desenvolvimento vem aumentando de forma significativa.

Países e empresas lançam mão de operações no mercado financeiro internacional para financiar seus projetos de investimentos. O fluxo de recursos entre tomadores e investidores dos mais diversos países pode se dar por vários meios que vão de uma simples contratação de empréstimo até sofisticadas transações com títulos negociáveis.

Pimentel (2007) nos lembra que o ingresso de capitais passou a ser regulamentado no Brasil por meio da Lei de Capitais Estrangeiros (Lei nº 4.131/1962), a qual foi complementada por normatização posterior. Ressalta também que os empréstimos bancários realizados no mercado financeiro internacional cederam espaço a operações com títulos negociáveis, tais como *bonds* e *notes*.

Importante destacar que as transações no mercado financeiro internacional trazem benefícios não só para os tomadores de dívida, mas também para os investidores. Os tomadores passam a ter condições para captar grande volume de recursos e, frequentemente, pagando taxas de juros menores que aquelas disponíveis caso tomassem esses recursos no mercado local. Os investidores, por seu turno, conseguem mitigar alguns de seus riscos por meio da diversificação de seus investimentos.

Mercados de dívida no contexto internacional

Há diversas alternativas de instrumentos de dívida disponíveis para os tomadores de empréstimo no mercado internacional.

De acordo com Eiteman, Stonehill e Moffet (2002), as mais importantes fontes de recursos nos mercados financeiros internacionais são os empréstimos em bancos comerciais internacionais (eurocréditos), o euromercado de notas e títulos e o mercado de bônus (*bonds*) internacionais.

A seguir discutiremos as principais fontes de recursos aqui mencionadas, mas antes trataremos do mercado de euromoedas.

Euromoedas

A principal espécie do gênero mercado monetário internacional é o mercado de euromoedas. Euromoedas são moedas de um país depositadas em outro país. Por exemplo, eurolibras são depósitos de libras esterlinas realizados em bancos situados fora do Reino Unido, eurodólares são depósitos de dólares americanos realizados em bancos localizados fora dos Estados Unidos, enquanto euroienes são depósitos de ienes em bancos encontrados fora do Japão.

A utilização do prefixo "euro" dá margem a certa confusão, pois esse termo pode dar a impressão de que os depósitos só seriam efetuados na Europa, o que não é verdade, uma vez que esses depósitos, além de serem feitos no continente europeu, podem ser realizados, por exemplo, na Oceania ou na Ásia.

A origem das euromoedas data do final da década de 1950. Naquela ocasião, algumas instituições da antiga União Soviética e de alguns países do Leste europeu possuíam dólares americanos como fruto das vendas de ouro e outras *commodities*. Todavia, em função do cenário vigente imposto pela Guerra Fria, essas instituições temiam realizar aplicações financeiras em bancos americanos por receio de terem seus depósitos confiscados por retaliação a governos de orientação comunista.

Assim, aquelas instituições depositavam seus dólares em um banco francês, cujo endereço telegráfico era EURO-BANK. Desde então, depósitos em dólares realizados fora dos Estados Unidos passaram a ser chamados de eurodólares, e os bancos que aceitavam depósitos de euromoedas passaram a ser chamados de eurobancos (Eun e Resnick, 1998).

Esses valores passaram a ser redirecionados para outros bancos ocidentais, principalmente em Londres. Novos depósitos passaram a ser realizados na Europa ocidental por vários bancos centrais, os quais decidiram aplicar parte de suas reservas em dólares dessa maneira, com o intuito de conseguirem maiores rendimentos.

Ademais, pelos motivos aqui citados, isto é, a busca de rendimentos mais altos, bancos comerciais, seguradoras europeias e fundos de refugiados internacionais passaram a investir seus dólares no mercado de eurodólar.

Ainda, segundo Eun e Resnick (1998), o mercado de euromoedas corresponde a um sistema bancário externo que funciona em paralelo com o sistema bancário do país emissor da moeda. Ambos os sistemas buscam captar depósitos com o intuito de realizar empréstimos a seus clientes.

De acordo com Eiteman, Stonehill e Moffet (2002), os mercados de euromoedas atendem a dois importantes objetivos: alocar o excesso de liquidez das empresas com conveniência e eficiência e ser a principal fonte de empréstimos bancários de curto prazo para atender às demandas de capital de giro das empresas, podendo financiar também exportações e importações.

Outra característica ímpar do mercado de euromoedas que atrai investidores e tomadores de empréstimo é o pequeno *spread* de taxa de juros praticado, quando comparado com os *spreads* praticados, por exemplo, no mercado doméstico americano. *Spread* representa, nesse caso, a diferença entre a taxa de captação e a taxa de empréstimo cobrada pelos eurobancos.

O mercado de euromoedas opera no mercado interbancário e no mercado de atacado.

O mercado interbancário movimenta a maioria das transações financeiras. Nele, os eurobancos superavitários de recursos que não têm a quem emprestar dinheiro no mercado de varejo emprestam seus recursos aos eurobancos deficitários, mas possuidores de clientes dispostos a tomar recursos emprestados. A taxa cobrada pelos bancos superavitários de recursos aos bancos deficitários é chamada de "taxa de juros interbancária".

Londres é o maior centro financeiro de euromoedas, motivo pelo qual a taxa interbancária de Londres – *London interbank offered rate* (Libor) – tem sido usada como taxa de referência desse mercado. A taxa Libor, além de ser cotada em libras, também é cotada em outras moedas, como dólares americanos, euros, francos suíços, ienes, coroas suecas, entre outras.

Nos mercados dos demais países, outras referências são usadas como é o caso, por exemplo, da taxa interbancária praticada na zona do euro chamada de "Euribor".

No mercado de atacado, os eurobancos podem captar recursos por meio de depósitos a prazo fixo ou por meio da emissão de certificado de depósitos negociáveis. Os eurobancos preferem esta última forma de captação, pois os recursos financeiros tendem a ficar disponíveis aos bancos por um período mais longo, e as taxas de remuneração de capital pagas pelos eurobancos por essa forma de captação costumam ser menores que as taxas interbancárias.

Eurocréditos

Eurocréditos são empréstimos em euromoedas de curto ou médio prazo viabilizados por eurobancos a governos soberanos, empresas ou organizações internacionais.

Os empréstimos são concedidos em moedas diferentes daquelas dos países nos quais os eurobancos são sediados. Além disso, devido ao grande volume de recursos envolvidos nesses empréstimos, os eurobancos normalmente formam um sindicato de bancos com o intuito de mitigar seus riscos por ocasião da concessão dos créditos.

Como o risco de crédito desses empréstimos é maior que o risco das operações interbancárias, as taxas de juros dos eurocréditos devem possuir valor suficiente para compensar os bancos, ou sindicatos de bancos, pelos riscos adicionais incorridos.

As taxas de juros cobradas nos eurocréditos costumam ser calculadas adicionando-se um *spread* a uma taxa de referência, como a Libor, de forma que a taxa final cobrada ao tomador de empréstimo seja Libor + s%. O valor do *spread* variará proporcionalmente ao risco do tomador, de tal modo que quanto maior o risco, maior será o *spread* cobrado. Para ilustrar uma concessão de eurocrédito, vejamos um exemplo.

Exemplo 1: Suponhamos que uma empresa tome um empréstimo de £ 5 milhões por três meses em um eurobanco situado em Londres, o qual cobra taxa Libor acrescida de um *spread* de 0,35% a.a. Considerando que a taxa Libor para o período de três meses seja de 0,45760% a.a., quanto a empresa irá pagar de juros nessa operação?

Solução:

$$Juros = £\ 5.000.000 \times \frac{(0,004576 + 0,0035)}{4} = £\ 10.095$$

Euronotas

Segundo Roberts (2000), euronota é um termo genérico para um conjunto de instrumentos de empréstimos de curto prazo em euromoedas. As euronotas são negociáveis parecendo-se, portanto, mais com os eurobônus – os quais serão abordados posteriormente neste capítulo – do que com os empréstimos bancários.

Euronota promissória (euro-commercial paper)

É um instrumento de dívida de curto prazo emitido por uma empresa ou banco, com maturidade, geralmente, de um, três ou seis meses. O custo financeiro para os emissores dos *euro-commercial papers* costuma ser menor que os custos com que arcariam, caso decidissem obter recursos por meio de empréstimos bancários. Na maior parte das vezes, esse título é vendido com desconto (deságio) em relação ao seu valor nominal (valor de face) de forma que os tomadores de recursos pagam a totalidade do valor de face por ocasião do vencimento do título.

O preço de um *euro-commercial paper* é obtido por meio da equação (1):

$$\text{Preço} = \frac{\text{Valor nominal}}{1 + \left[\dfrac{N}{360} \times \dfrac{Y}{100}\right]} \qquad (1)$$

onde, Y é o rendimento percentual a.a. (também chamado de *yield*) e N é o número de dias remanescentes até o vencimento.

Exemplo 2: Calcule o preço de um *euro-commercial paper* com vencimento de 90 dias e com valor nominal de US$ 5 mil, de modo que seu preço reflita a taxa de rendimento exigida pelo mercado de 7,4% a.a.

Solução:

$$\text{Preço} = \frac{US\$\ 5.000}{1 + \left[\dfrac{90}{360} \times \dfrac{7,4}{100}\right]} = US\$\ 4.909,18$$

Destacamos que o cálculo do preço do título pode sofrer alterações em função da convenção de contagem de dias adotada. No exemplo acima, consideramos um ano financeiro de 360 dias; entretanto para o cálculo de um *euro-commercial paper* emitido em libras esterlinas a convenção de contagem de dias passa a considerar o ano financeiro com 365 dias (Eiteman, Stonehill e Moffet, 2002).

Euronotas de médio prazo

As euronotas de médio prazo foram criadas em 1986, ano em que foram realizadas duas vultosas emissões. A primeira, para o First Investment Bank, no valor de US$ 160 milhões, e a segunda, para o Nordic Investment, no valor de US$ 200 milhões.

Esses títulos possuem períodos de vencimento que vão de nove meses a um período mais longo de 10 anos. Sua estrutura básica de pagamento, assim como os bônus de longo prazo contemplam, geralmente, pagamentos semestrais de cupons (juros).

Diferentemente dos bônus de longo prazo, as euronotas de médio prazo podem ser emitidas de forma contínua durante um determinado intervalo de tempo e pagam seus cupons em datas preestabelecidas.

Bônus estrangeiros e eurobônus (foreign bonds and eurobonds)

A criatividade dos banqueiros de investimento tem proporcionado uma vasta combinação de instrumentos de captação de recursos disponíveis no mercado internacional de bônus (bonds).

Bônus são títulos de dívida de longo prazo, os quais pagam juros (cupons) e podem ser emitidos por corporações, governos e organizações internacionais, como o Banco Mundial, por exemplo.

Basicamente, o mercado internacional de bônus (bonds) contempla duas classificações: os bônus estrangeiros e os eurobônus.

Os bônus estrangeiros (foreign bonds) são títulos emitidos em um único mercado doméstico por um captador de recursos estrangeiro. Normalmente, essas emissões são coordenadas por um conjunto de bancos situados no país onde os títulos serão oferecidos. A moeda utilizada é aquela do país em que é feita a emissão do título. Podemos citar como exemplo um bônus emitido por uma empresa brasileira, denominado em ienes, que é vendido para investidores japoneses por banqueiros do Japão.

Os eurobônus (*eurobonds*) são títulos cuja moeda de denominação difere da do país onde esses títulos são emitidos. Esses títulos são colocados em circulação por sindicatos internacionais de bancos. Um exemplo de eurobônus seria um título emitido no Canadá em dólares americanos, porém vendido a investidores na China e Europa (não a investidores no Canadá).

Eun e Resnick (1998) afirmam que os mercados de bônus estrangeiros e de *eurobonds* operam em paralelo com os mercados de bônus domésticos – que no Brasil são chamados de debêntures – e que todos esses três mercados competem entre si.

Os eurobônus geralmente são conhecidos pela moeda na qual são denominados, por exemplo, eurodólar bônus e euroien bônus.

Os bônus estrangeiros, por outro lado, recebem nomes típicos para designar os países onde foram emitidos. São exemplos: nos EUA, *yankee bonds*; no Reino Unido, *bulldog bonds*; no Japão, *samurai bonds*; na Espanha, *matador bonds*; em Portugal, *caravela bonds* e na Holanda, *Rembrandt bonds*.

O mercado internacional de bônus oferece boas oportunidades para captação de recursos para o financiamento dos projetos de governos e empresas, principalmente pela boa liquidez desse mercado.

O mesmo não ocorre no Brasil, já que o mercado de debêntures – títulos de dívida de longo prazo emitidos pelas empresas brasileiras no mercado doméstico – ainda apresenta baixa liquidez nas negociações realizadas pelos investidores no mercado secundário desses títulos.

Tipos de instrumentos

Nesta seção discutiremos os principais tipos de instrumentos utilizados no mercado internacional de bônus.

Emissão com taxas prefixadas

Emissões com taxas prefixadas são estruturadas de forma a pagar o valor do principal (valor nominal ou valor de face) no dia do vencimento da dívida (*maturity date*). Ao longo da vida do título serão pagos aos investidores os cupons (juros), os quais são calculados como um percentual do valor de face.

Diferentemente dos bônus negociados no mercado americano, cujo pagamento de cupons é realizado semestralmente, os cupons relativos aos eurobônus são geralmente pagos anualmente. Isso ocorre porque o pagamento anual de cupons é mais conveniente para os investidores e menos oneroso para os emissores desses títulos, já que os investidores encontram-se distribuídos geograficamente por diversos países.

Títulos com taxas flutuantes

Esses títulos surgiram em 1970 e correspondem a bônus de médio prazo com pagamento de cupons indexados a uma taxa de referência.

Bônus relacionados às ações

Os bônus relacionados às ações são bastante similares aos bônus com taxas prefixadas, exceto pelo fato de serem conversíveis em ações antes da data de vencimento. Notamos, portanto, que o investidor deixa de ser credor e passa a ser sócio da empresa emissora após a conversão dos bônus em ações.

Bônus de cupom zero

Bônus de cupom zero são bônus vendidos com desconto (deságio) em relação ao seu valor de face e que não pagam qualquer tipo de cupom aos investidores durante a vida do título.

Bônus com dupla moeda

Esse tipo de bônus tornou-se popular em meados da década de 1980. Bônus com dupla moeda são títulos que pagam cupons com taxas prefixadas em uma moeda, por exemplo, reais brasileiros, mas que fazem o pagamento do valor de face em dólares americanos na data de vencimento.

Uma empresa brasileira que quisesse montar uma subsidiária nos Estados Unidos poderia se beneficiar de uma emissão desse tipo, pois a matriz brasileira poderia arcar com os pagamentos dos cupons em reais nos primeiros anos da dívida da subsidiária até que esta crescesse, após ganhar mercado nos Estados Unidos. A partir daí, a subsidiária passaria a ter condições de pagar o valor de face em dólares americanos, uma vez que sua receita seria obtida nessa mesma moeda.

Brady bonds

Os Brady *bonds* são bônus emitidos por países emergentes (entre os quais o Brasil) que surgiram como fruto do esforço realizado na década de 1980 para reduzir a dívida dos países menos desenvolvidos, os quais se encontravam em dificuldades para pagar seus empréstimos. Os Brady *bonds* foram emitidos tendo como garantia títulos emitidos pelo Tesouro dos Estados Unidos. O nome Brady *bond* é uma referência a Nicholas Brady, então Secretário do Tesouro americano, que teve participação significativa na renegociação da dívida dos países emergentes.

Global bonds

Segundo Pimentel (2007:228), "*Globals* são títulos denominados em dólares e negociados globalmente". Os *globals* geralmente pagam taxas prefixadas, sendo que alguns desses títulos de dívida foram lançados em operações de troca com os Brady *bonds*, já que estes trazem consigo a lembrança dos tempos da moratória.

Em agosto de 2000, o Brasil emitiu US$ 5,16 bilhões em *globals*, parte dos quais foram pagos por meio de Brady *bonds*.

Estrutura e precificação de bônus no mercado internacional

Nesta seção discutiremos a estrutura de pagamento e a forma de precificação dos principais bônus negociados no mercado internacional.

Bônus com taxas prefixadas

Como discutido, os bônus com taxas prefixadas pagam cupons (juros) em períodos regulares que podem ser anuais ou semestrais e, na data de vencimento (*maturity date*), pagam o principal (valor de face) acrescido do último cupom.

O preço do bônus, assim como para a maioria dos ativos financeiros, é calculado por meio do valor presente dos fluxos de caixa futuros que esse ativo irá proporcionar ao investidor. Desse modo o preço do bônus é calculado por meio da equação (2):

$$Preço = \frac{c}{(1+y)^1} + \frac{c}{(1+y)^2} + \frac{c}{(1+y)^3} + \cdots + \frac{c}{(1+y)^n} + \frac{M}{(1+y)^n} \quad (2)$$

Como nessa equação a soma das frações cujos numeradores são iguais a "c" corresponde ao valor presente de uma série uniforme (anuidade), a equação acima pode ser substituída pela equação (2a):

$$Preço = c \left[\frac{(1+y)^n - 1}{(1+y)^n \times y} \right] + \frac{M}{(1+y)^n} \quad (2a)$$

onde:
- c representa os cupons (juros) pagos anualmente (ou semestralmente) ao detentor do bônus;
- y corresponde à rentabilidade obtida pelo investidor caso este carregue o título até a data de vencimento. Essa rentabilidade também é chamada de *yield-to-maturity*;
- M é o valor nominal do bônus (valor de face);
- n é o número de períodos (anos ou semestres) até o vencimento do bônus.

Exemplo 3: Imaginemos que a empresa A emita um bônus de 30 anos, cujo valor de face seja de US$ 1.000,00 e que pague cupons anualmente a uma taxa de cupom (*cupom rate*) de 10% a.a. Calculemos o preço desse bônus supondo que o mercado requeira para esse título, dado seu nível de risco, uma rentabilidade (*yield*) de 12% a.a.

Solução: Como o bônus paga cupons anuais e tem um prazo de vencimento de 30 anos, o investidor receberá 30 cupons de US$ 100,00 (US$ 1.000,00 × 10%) mais o valor de face de US$ 1.000,00, que será pago juntamente com o último cupom, na data de vencimento do título.

Desse modo, teremos: c = US$ 100,00; y = 12% = 0,12 e M = US$ 1.000,00.

Logo, o preço, calculado por meio da equação (2a), será:

$$\text{Preço} = 100 \left[\frac{(1 + 0{,}12)^{30} - 1}{(1 + 0{,}12)^{30} \times 0{,}12} \right] + \frac{1.000}{(1 + 0{,}12)^{30}} = \text{US\$ } 838{,}90$$

Exemplo 4: Calculemos o preço do bônus do exemplo 3 supondo, agora, que o mercado exija um retorno até o vencimento (*yield*) de 7,5%.

Solução: Como o retorno até o vencimento passou a ser de 7,5% a.a, o preço do título será de:

$$\text{Preço} = 100 \left[\frac{(1 + 0{,}075)^{30} - 1}{(1 + 0{,}075)^{30} \times 0{,}075} \right] + \frac{1.000}{(1 + 0{,}075)^{30}} = \text{US\$ } 1.295{,}26$$

Exemplo 5: Calculemos o preço do bônus do exemplo 3 supondo, agora, que o mercado exija um retorno até o vencimento (*yield*) de 10%.

Solução: Como o retorno até o vencimento passou a ser de 10% a.a., o preço do título será:

$$\text{Preço} = 100 \left[\frac{(1 + 0{,}1)^{30} - 1}{(1 + 0{,}1)^{30} \times 0{,}1} \right] + \frac{1.000}{(1 + 0{,}1)^{30}} = \text{US\$ } 1.000{,}00$$

Podemos perceber pelos exemplos acima que, para um mesmo título, quanto maior for a taxa de retorno até o vencimento (*yield*), menor será o preço do título. Tal fato revela que, para bônus com taxas de cupom prefixadas, preços e taxas de retorno até o vencimento (*yields*) caminham em sentidos contrários.

Ademais, notamos no exemplo 3 que o preço do título é de US$ 838,90; portanto menor que o valor de face de US$ 1.000,00. Isso se deve ao fato de o mercado estar exigindo um retorno até o vencimento (12% a.a.) maior que a taxa de cupom (10% a.a.). Assim, o investidor deverá ser compensado pelo fato de receber uma taxa de cupom menor pagando um preço mais baixo que o valor de face. Nesse caso, dizemos que o título foi vendido com desconto ou deságio.

Por outro lado, no exemplo 4, o preço do título foi de US$ 1.295,26; portanto maior que o valor de face de US$ 1.000,00. Isso ocorre porque o mercado exige um retorno até o vencimento (7,5% a.a.) menor que a taxa de cupom (10% a.a.). Desse modo, o investidor deverá compensar o emissor do bônus pelo fato de estar recebendo uma taxa de cupom maior que o retorno até o vencimento exigido pelo mercado para esse título de dívida. Essa compensação dar-se-á pelo pagamento de um prêmio de US$ 295,26 sobre o valor de face. Nesse caso, dizemos que o título foi vendido com prêmio ou ágio.

Por fim, podemos perceber, no exemplo 5, que o preço do título foi de US$ 1.000,00, ou seja, exatamente igual a seu valor de face. Isso acontece porque, como não há diferença entre as taxas de cupom e de retorno até o vencimento, não há que se falar em deságio ou ágio, sendo o título vendido por preço igual ao seu valor de face, situação na qual dizemos que o título foi vendido ao par.

Desse modo, a relação entre preço, valor de face, taxa de cupom e taxa de retorno até o vencimento do bônus pode ser resumida conforme a seguir:

- quando a taxa de cupom for maior que a taxa de retorno até o vencimento, o título será vendido com deságio;
- quando a taxa de cupom for menor que a taxa de retorno até o vencimento, o título será vendido com ágio;
- quando a taxa de cupom for igual à taxa de retorno até o vencimento, o título será vendido ao par.

Em várias situações, os títulos serão negociados em dias situados entre datas de pagamento de cupom. Nessas ocasiões o comprador do título deverá compensar o vendedor pelos juros de cupom acumulados desde a data de pagamento do último cupom até a data de liquidação do título. O valor dessa compensação recebe o nome de juros acumulados (*accrued interest*). O método de cálculo desses juros é diferente para cada tipo de título. Para os títulos emitidos pelo Tesouro dos Estados Unidos, o cálculo dos juros acumulados leva em consideração o número efetivo de dias em que o título ficou em poder do vendedor (convenção *actual/actual*). Já para os bônus emitidos por empresas, o cálculo dos juros acumulados leva em consideração um ano com

360 dias, de forma que todos os meses do ano possuem 30 dias (convenção 30/360).

Os juros acumulados são obtidos por meio da equação (3):

$$JA = c \left(1 - \frac{n^o \text{ de dias entre a data de liquidação e o pagto do próximo cupom}}{n^o \text{ de dias entre as datas de pagto de cupom}} \right) \quad (3)$$

onde *JA* representa os juros acumulados.

O preço final que o comprador paga ao vendedor corresponde ao preço negociado entre as partes, acrescido dos juros acumulados. Esse valor é denominado *dirty price* ou preço cheio. O preço negociado, isto é, sem os juros acumulados, é denominado *clean price* ou preço vazio e é calculado na data de pagamento de cupom imediatamente anterior à data de liquidação de venda do título. Ilustremos esse tópico com um exemplo.

Exemplo 6: Para a data de liquidação 20/5/2012, calculemos o *clean price* (preço de negociação), *accrued interest* (juros acumulados) e *dirty price* (preço efetivamente pago pelo comprador) de um bônus que tenha vencimento no dia 15/7/2040, cujo valor de face seja de US$ 1.000,00 e que pague cupons semestrais no valor de US$ 50,00 nos dias 15/1 e 15/7 de cada ano. Suponha que o retorno exigido pelo mercado seja de 4% ao semestre. Considere, ainda, o número de dias entre os intervalos de datas relacionados abaixo para as convenções *actual/actual* e 30/360:

- 20/5/2012 a 15/7/2012 – 56 (*actual/actual*) e 55 (30/360)
- 15/1/2012 a 15/7/2012 – 182 (*actual/actual*) e 180 (30/360)

Solução: O *clean price* (preço de negociação) será calculado na data de pagamento de cupom imediatamente anterior à data de negociação. A última data de pagamento de cupom antes do dia 20/5/2012 foi o dia 15/1/2012. Desse modo, o *clean price* será o preço do título em 15/1/2012.

Como, no período compreendido entre 15/1/2012 e 15/7/2040, haverá o pagamento de 57 cupons de US$ 50,00 e o pagamento do valor de face de US$1.000,00, o *clean price* será de:

$$\text{Clean price} = 50 \left[\frac{(1 + 0,04)^{57} - 1}{(1 + 0,04)^{57} \times 0,04} \right] + \frac{1.000}{(1 + 0,04)^{57}} = US\$\ 1.223,27$$

O cálculo dos juros acumulados (*accrued interest*) será obtido por meio da equação (3), para as convenções *actual/actual* e 30/360.

Para a convenção *actual/actual*:

$$JA = 50 \left(1 - \frac{56}{182} \right) = US\$\ 34,62$$

Para a convenção 30/360:

$$JA = 50 \left(1 - \frac{55}{180} \right) = US\$\ 34,72$$

Preço efetivamente pago pelo comprador (*dirty price*):

$$\text{Dirty price} = \text{clean price} + JA$$

Para a convenção *actual/actual*:

$$\text{Dirty price} = 1.223,27 + 34,62 = US\$\ 1.257,89$$

Para a convenção 30/360:

Dirty price = 1.223,27 + 34,72 = US$ 1.257,99

Bônus de cupom zero

Conforme mencionado, os bônus de cupom zero não pagam quaisquer cupons. O investidor que aplica nesse título é remunerado pela diferença entre o valor de face do título e o preço pago pelo investidor no momento da compra, o qual será sempre com deságio.

Seu preço é dado pela equação (4):

$$Preço = \frac{M}{(1+y)^n} \quad (4)$$

Exemplo 7: Calculemos o preço de um de bônus de cupom zero que vença daqui a dois anos, cujo valor de face seja de US$ 1.000,00 para uma taxa de retorno até o vencimento de 6,8% a.a.

Solução:

$$Preço = \frac{1.000}{(1+0,068)^2} = US\$ \ 876,71$$

Bônus perpétuos

São títulos de dívida que, apesar de pagarem cupons periodicamente, não apresentam uma data de vencimento determinada. Seus fluxos de caixa correspondem a uma série infinita de pagamentos constantes (perpetuidade).

Seu preço é dado pela equação (5):

$$Preço = \frac{c}{y} \quad (5)$$

Exemplo 8: Calculemos o preço de um bônus perpétuo emitido com valor de face US$ 1.000,00 e que pague cupons anuais a uma taxa de cupom de 8% a.a. Suponha que o mercado esteja exigindo uma taxa de retorno de 10% a.a.

Solução:

$$Preço = \frac{80}{0,1} = US\$ \ 800,00$$

Captações de recursos por meio de bônus pelas empresas brasileiras

Em virtude das elevadas taxas de juros ainda praticadas no Brasil, no ano de 2012, algumas empresas brasileiras vêm tendo sucesso na obtenção de recursos no exterior por meio da emissão de bônus de longo prazo, reduzindo, portanto, seus custos de captação.

As informações referentes às emissões de bônus mais recentes realizadas por empresas brasileiras por ocasião da elaboração deste livro encontram-se detalhadas no quadro 5.

Quadro 5
OPERAÇÕES RECENTES REALIZADAS NO MERCADO INTERNACIONAL POR EMPRESAS BRASILEIRAS

Emissor/tomador	Data liquidação	Data vencimento	Prazo (meses)	Valor (US$ milhões)	Cupom (%)	Retorno (%)
Caixa Econômica Federal	5/11/12	7/11/22	120	500	3, 5	3,544
Odebrecht	1/11/12	26/6/42	356	450	7,125	5,95
Petrobras	1/10/12	1/10/29	204	731,3	5,375	5,610

Fonte: *Valor Econômico*. Disponível em: <www.valor.com.br/valor-data/internacional/mercado-externo>. Acesso em: 2 nov. 2012.

Medidas de retorno tradicionais

Fabozzi (2000) explica que há tradicionalmente no mercado financeiro três medidas de retorno de bônus: retorno corrente, retorno até o vencimento e retorno até o resgate.

Retorno corrente

É a medida de retorno que calcula a razão entre o valor total dos cupons pagos no ano e o preço do bônus. O retorno corrente é obtido por meio da equação (6):

$$\text{Retorno corrente} = \frac{\text{Valor total dos cupons pagos no ano}}{\text{Preço}} \quad (6)$$

Exemplo 9: Calculemos o retorno corrente de um bônus de 20 anos negociado por US$ 842,11, cujo valor de face seja de US$ 1.000,00 e que paga uma taxa de cupom de 8% a.a.
Solução:

$$\text{Retorno corrente} = \frac{80}{842,11} = 0,095 = 9,5\%$$

Destacamos que o retorno corrente, apesar de incorporar em seu cálculo os cupons pagos pelo título, apresenta a desvantagem de não considerar o valor do dinheiro no tempo – já que os cupons são tratados sempre por seus valores nominais – nem qualquer ganho de capital que o investidor venha a obter caso compre o bônus com deságio e o mantenha até o vencimento, ocasião em que receberá o valor de face do título.

Retorno até o vencimento (yield-to-maturity – YTM)

O retorno até o vencimento representa a taxa de juros que faz com que o somatório dos valores presentes dos fluxos de caixa a serem pagos pelo bônus seja igual a seu preço. Usando termos financeiros, é a taxa interna de retorno desses fluxos de caixa. Assim, o retorno até o vencimento é o valor de y que soluciona a equação (2). Para facilitar o entendimento deste tópico, vejamos um exemplo.

Exemplo 10: Calculemos o retorno até o vencimento de um bônus de 10 anos negociado a US$ 1.033,24 com valor de face US$ 1.000,00 que paga cupons semestrais a uma taxa de cupom de 9% a.a.

Solução: Como o título apresenta maturidade de 10 anos e paga cupons semestrais, isto é, dois cupons por ano, haverá o pagamento de 20 cupons no valor de US$ 45,00 (US$ 1.000,00 × (9% / 2)) mais o valor de face de US$ 1.000,00, que será pago na data de vencimento. Vamos utilizar a calculadora financeira (HP 12C) para o cálculo do retorno até o vencimento:

1033,24 CHS PV
45 PMT
1000 FV
20 n
i → 4,25% ao semestre
2 × → 8,5% a.a. (por convenção, as taxas no mercado internacional são informadas a.a.).

Diferentemente do retorno corrente, o cálculo do retorno até o vencimento realiza o cômputo de qualquer perda ou ganho de capital que o detentor do bônus venha a perceber, caso carregue o título até o vencimento. Além disso, o valor do dinheiro no tempo não é desconsiderado na mensuração desse retorno. Entretanto, para o cálculo do retorno até o vencimento, assume-se que os cupons serão sempre reinvestidos a uma taxa constante, cujo valor é igual ao da própria taxa de retorno até o vencimento, fato que raramente ocorre na prática.

Retorno até o resgate

Alguns bônus podem ser emitidos com opções embutidas, por exemplo, opções de compra (*call option*), situação na qual haverá a previsão de resgate antecipado pelo emissor do título de dívida. Desse modo, o título poderá não ser levado até o vencimento, caso o emissor exerça sua opção de resgatá-lo antes da maturidade. Essa situação normalmente ocorre quando as taxas praticadas no mercado sofrem redução, o que permitiria ao emissor trocar sua dívida por uma mais barata decorrente da queda das taxas de juros (Brigham e Ehrhardt, 2012).

Nesse caso, a medida de retorno utilizada é o retorno até o resgate, para cujo cálculo serão utilizados os fluxos de caixa a serem recebidos pelo investidor até a primeira data de resgate possível de ser realizada pelo emissor do bônus.

Assim, o retorno até o resgate pode ser obtido por meio da equação (7):

$$Preço = \frac{c}{(1+y)^1} + \frac{c}{(1+y)^2} + \frac{c}{(1+y)^3} + \ldots + \frac{c}{(1+y)^{n^*}} + \frac{M^*}{(1+y)^{n^*}} \quad (7)$$

onde M^* representa o preço de resgate do título e n^* representa o número de períodos contados da emissão do título até a primeira data de resgate. Vamos a um exemplo.

Exemplo 11: Calculemos o retorno até o resgate de um bônus de 20 anos negociado a US$ 804,12 com valor de face de US$ 1.000,00 que paga cupons semestrais a uma taxa de cupom de 10% a.a., sabendo-se que a primeira data de resgate será daqui a 15 anos e que o preço de resgate será igual ao valor nominal do título.

Solução: Como a primeira data de resgate do título será daqui a 15 anos e os cupons serão pagos semestralmente, haverá o pagamento de 30 cupons no valor de US$ 50,00 (US$ 1.000,00 ×

(10% / 2)) mais o valor de resgate de US$ 1.000,00, que será pago na data de vencimento. Vamos utilizar a calculadora financeira (HP 12C) para o cálculo do retorno até o resgate:

804,12 CHS PV
50 PMT
1000 FV
30 n
i → 6,5% ao semestre
2 × → 13% a.a. (por convenção, as taxas no mercado internacional são informadas ao ano).

Retorno total

Quando calculamos o retorno até o vencimento, assumimos que os cupons são reinvestidos a uma taxa constante. Essa taxa constante coincide com a própria taxa de retorno até o vencimento. Todavia isso é muito improvável na prática, já que as taxas de juros de mercado mudam constantemente.

Assim, em vez de assumir que os cupons serão reinvestidos à taxa de retorno até o vencimento, o investidor pode traçar seus próprios cenários para a evolução das taxas de juros e realizar, portanto, suas próprias suposições acerca da taxa de reinvestimento a ser considerada em seus cálculos de retorno.

Desse modo, o retorno total é a taxa de retorno obtida quando o investidor reaplica os cupons recebidos a uma taxa de reinvestimento preestabelecida por ele mesmo.

O primeiro passo para calcular o retorno total é calcular o valor futuro dos cupons, após reaplicá-los à taxa de reinvestimento preestabelecida e adicionar a esse valor futuro o valor de face do título, o qual será pago na data do vencimento.

O cálculo do valor futuro dos cupons é realizado por meio da equação (8):

Valor futuro total = valor futuro dos cupons reaplicados + valor de face

$$C = \left[\frac{(1+r)^n - 1}{r} \right] + M \qquad (8)$$

onde:

- c representa os cupons pagos em valores monetários;
- r corresponde à taxa de reinvestimento preestabelecida;
- n significa o número de períodos;
- M é o valor de face do bônus.

O segundo passo será calcular o retorno total por meio da equação (9):

$$\text{Retorno total (\%)} = \left\{ \left[\frac{\text{Valor futuro total}}{\text{Preço de compra}} \right]^{1/t} - 1 \right\} \times 10 \qquad (9)$$

onde t representa o número de períodos entre a data de aquisição do título e sua data de vencimento ou data de venda (se o título for vendido antes de sua data de maturidade). Vejamos um exemplo de cálculo de retorno total.

Exemplo 12: Calculemos o retorno total de um bônus de sete anos, cujo valor de face seja de US$ 1.000,00 e que pague cupons semestrais a uma taxa de cupom de 9% a.a. Considere ainda que esse título foi comprado por US$ 853,00 e será mantido até a data de vencimento. A taxa de reinvestimento é de 5% a.a.

Solução: Como os cupons serão pagos semestralmente, haverá 14 pagamentos de cupons no valor de US$ 45,00 (US$ 1.000,00 × (9% / 2)) mais o pagamento do valor de face de US$ 1.000,00 no final do 14º semestre. Considerando a taxa de reinvestimento de 5% a.a. (2,5% ao semestre ou "a.s."), calculamos o valor futuro total por meio da equação (8):

$$\text{Valor futuro total} = 45 \left[\frac{(1 + 0{,}025)^{14} - 1}{0{,}025} \right] + 1.000 = US\$ \ 1.743{,}35$$

Posteriormente, calculamos o retorno total por meio da equação (9):

$$\text{Retorno total (\%)} = \left\{ \left[\frac{1.743{,}35}{853} \right]^{1/14} - 1 \right\} \times 100 = 5{,}24\% \ a. \ s.$$

Para calcular o retorno total em termos anuais multiplicamos o valor obtido acima por dois, o qual resulta em um retorno total de 10,48% a.a.

Na próxima seção, trataremos da estrutura a termo de taxas de juros (curva de rendimentos e curva *spot*), tópico de grande relevância na avaliação de bônus.

Curva de rendimentos

Curva de rendimentos é o gráfico que relaciona o rendimento de bônus com qualidades de crédito semelhantes, porém com prazos de vencimentos diferentes. Tradicionalmente, os investidores elaboram curvas de rendimentos por meio da coleta de preços e rendimentos no mercado de bônus do Tesouro.

Os bônus do Tesouro são usados por serem livres de risco de inadimplência e por apresentarem boa liquidez em suas negociações. Essas qualidades fazem com que os preços dos bônus representem as informações mais atualizadas.

A função primordial da curva de rendimentos é servir como referência básica para o cálculo dos preços dos bônus e das taxas de retorno exigidas para outros mercados de dívida, como dívidas de empresas, empréstimos bancários, bônus internacionais e dívidas hipotecárias.

Todavia, Fabozzi (2000) argumenta que a forma tradicional como a curva de rendimentos é calculada não é apropriada para atender plenamente às necessidades do mercado, porque existe a possibilidade de títulos com mesma maturidade apresentarem taxas de juros distintas.

Ainda segundo o autor, faz-se necessário o estabelecimento de estimativas mais confiáveis e precisas para a curva de rendimentos do Tesouro, as quais serão desenvolvidas por meio do cálculo das taxas *spot*.

Curva de taxas spot

Já vimos, por meio da equação (2), que o preço de um bônus é igual ao somatório dos valores presentes dos fluxos de caixa futuros esperados, descontados a uma determinada taxa. Essa taxa geralmente será a taxa de retorno até o vencimento (*yield-to-maturity*), a mesma taxa utilizada na construção da curva de rendimentos dos títulos do Tesouro descrita na seção anterior.

Desse modo, todos os fluxos de caixa futuros, os quais correspondem ao valor de face e a todos os cupons pagos pelos títulos do Tesouro, serão descontados a uma única taxa de juros, independentemente do prazo de pagamento do cupom. Dito de outra forma, um cupom pago daqui a seis meses terá a mesma taxa de desconto de um cupom que só será pago daqui a 10 anos. Como a taxa de juros utilizada para desconto dos cupons representa o risco envolvido no recebimento deles, descontar cupons com vencimentos em períodos distintos por única taxa implica dizer que possuem o mesmo risco, o que geralmente não é verdade.

Para resolver essa inconsistência, Fabozzi (2000) sugere que devemos olhar para um bônus emitido por um governo, não como um título único, mas sim como um conjunto de títulos de cupom zero com diferentes prazos de vencimento.

Por exemplo, um bônus de cinco anos que paga cupons semestralmente não deve ser visto como um título único, descontado, portanto, a uma única taxa, mas como 10 títulos de cupom zero, em que cada "minitítulo" seria descontado a uma taxa específica que representasse o risco até sua data de vencimento.

Assim, o preço do título seria dado pela equação (10):

$$Preço = \frac{c}{(1+z_1)^1} + \frac{c}{(1+z_2)^2} + \frac{c}{(1+z_3)^3} + \ldots + \frac{M+c}{(1+z_n)^n} \quad (10)$$

onde:

- z_1 é a taxa *spot* para um título de cupom zero emitido pelo governo de um país, com vencimento em um semestre;
- z_2 é taxa *spot* para um título de cupom zero emitido pelo governo de um país, com vencimento em dois semestres;
- z_3 é a taxa *spot* para um título de cupom zero emitido pelo governo de um país, com vencimento em três semestres;
- z_n é a taxa *spot* para um título de cupom zero emitido pelo governo de um país, com vencimento em n semestres.

Assim, ao calcularmos as taxas mencionadas acima, estaremos construindo a curva de taxas *spot* de um país, a qual servirá de base para o cálculo dos retornos exigidos para os demais mercados de dívida. Vejamos como calcular as taxas *spot*, por meio de um exemplo.

Exemplo 13: Calculemos as taxas *spot* do país A com base nos quatro títulos a seguir, emitidos por esse mesmo país, os quais pagam cupons semestrais. Considere um valor de face de $ 100,00.

Maturidade	Taxa de cupom (% a.a.)	Preço ($)
6 meses	0,00%	99,2556
1 ano	0,00%	98,0296
1,5 ano	5,00%	103,5364
2 anos	7,50%	107,6101

Solução: Como temos quatro títulos de dívida, teremos quatro taxas *spot* a serem calculadas por meio da equação (10). Devemos notar, todavia, que para os dois primeiros títulos a taxa de cupom é igual a zero e para os demais as taxas de cupom deverão ser divididas por 2, uma vez que os fluxos serão pagos semestralmente.

a) Cálculo da taxa z_1:

$$Preço = \frac{M}{(1+z_1)^1}$$

$$99,2556 = \frac{100}{(1+z_1)}$$

$$z_1 = 0,75\% \ a.s. = 1,5\% \ a.a.$$

b) Cálculo da taxa z_2:

$$Preço = \frac{M}{(1+z_2)^2}$$

$$98,0296 = \frac{100}{(1+z_2)^2}$$

$$z_2 = 1\% \ a.s. = 2\% \ a.a.$$

c) Cálculo da taxa z_3:

$$Preço = \frac{c}{(1+z_1)^1} + \frac{c}{(1+z_2)^2} + \frac{M+c}{(1+z_3)^3}$$

$$103{,}5364 = \frac{2{,}5}{\left(1+\dfrac{\dfrac{1{,}5\%}{2}}{100}\right)^1} + \frac{2{,}5}{\left(1+\dfrac{\dfrac{2\%}{2}}{100}\right)^2} + \frac{102{,}5}{(1+z_3)^3}$$

$$103{,}5364 = \frac{2{,}5}{(1+0{,}0075)^1} + \frac{2{,}5}{(1+0{,}01)^2} + \frac{102{,}5}{(1+z_3)^3}$$

$$z_3 = 1{,}3\%\ a.s. = 2{,}6\%\ a.a.$$

d) Cálculo da taxa z_4:

$$\text{Preço} = \frac{c}{(1+z_1)^1} + \frac{c}{(1+z_2)^2} + \frac{c}{(1+z_3)^3} + \frac{M+c}{(1+z_4)^4}$$

$$107{,}6101 = \frac{3{,}75}{\left(1+\dfrac{\dfrac{1{,}5\%}{2}}{100}\right)^1} + \frac{3{,}75}{\left(1+\dfrac{\dfrac{2\%}{2}}{100}\right)^2} + \frac{3{,}75}{\left(1+\dfrac{\dfrac{2{,}6\%}{2}}{100}\right)^3} + \frac{103{,}75}{(1+z_4)^4}$$

$$107{,}6101 = \frac{2{,}5}{(1+0{,}0075)^1} + \frac{2{,}5}{(1+0{,}01)^2} + \frac{102{,}5}{(1+0{,}013)^3} + \frac{102{,}5}{(1+z_4)^4}$$

$$z_4 = 1{,}8\%\ a.s. = 3{,}6\%\ a.a.$$

Formato das curvas spot

As curvas de rendimento e curvas de taxas *spot* podem apresentar basicamente quatro formatos: normal ou clássica, invertida, arqueada e plana (Fabozzi, 2000).

Na curva normal ou clássica as taxas de juros crescem proporcionalmente ao prazo de maturidade. Já na curva invertida, as taxas de juros decrescem com o prazo de maturidade. A curva arqueada combina os efeitos de uma curva clássica com os de uma invertida, enquanto a curva plana mantém o mesmo patamar de taxas de juros independentemente do prazo de maturidade.

Taxas a termo (forward rates)

Diferentemente da taxa *spot*, que é uma taxa que começa a ser contada no presente (a taxa z_2, por exemplo, começa a ser aplicada no presente e termina sua vigência daqui a dois semestres), a taxa a termo (*forward*) começa a ser contada em um ponto no futuro.

Para ilustrar esse tópico imaginemos que um investidor disposto a aplicar US$ 1.000,00 pelo prazo de um ano possui duas opções de investimento: a primeira é comprar um título de cupom zero com maturidade de um ano (dois semestres); a segunda opção é comprar um título de cupom zero com maturidade de seis meses e, quando ele vencer seis meses depois, comprar outro título com maturidade de seis meses.

A taxa a termo (f) é a taxa que faz com que o investidor seja indiferente entre escolher a primeira ou a segunda opção de investimento; em outras palavras, é a taxa que faz com que o montante acumulado no final de um ano seja o mesmo, independentemente da opção de investimento escolhida. Para satisfazer a essa condição:

Logo:
$$1.000 \times (1 + z_1) \times (1 + f) = 1.000 \times (1 + z_2)^2$$

$$f = \frac{(1 + z_2)^2}{(1 + z_1)} - 1$$

Desse modo, a taxa a termo (f) representa o consenso do mercado hoje para a taxa de juros de seis meses, a qual começará a ser contada seis meses a partir da data presente. Esclareceremos melhor esse tópico por meio de um exemplo.

Exemplo 14: Considerando as duas opções de investimento mencionadas acima, calculemos a taxa a termo (*forward*) de seis

meses, contada seis meses a partir de hoje, sabendo que as taxas *spot* para os períodos de seis meses e um ano são de 1,5% a.a. e 2% a.a., respectivamente. Além disso, usemos a taxa a termo (*forward*) para decidir qual seria a opção de investimento escolhida pelo investidor caso este tivesse convicto de que a taxa de juros de seis meses, contada seis meses a partir de hoje, será de 2,2% a.a.
Solução:

$$f = \frac{\left(1 + \dfrac{2\%}{\dfrac{2}{100}}\right)}{\left(1 + \dfrac{1,5\%}{\dfrac{2}{100}}\right)^1} - 1 = 1,25\%\ a.s. = 2,5\%\ a.a.$$

Como a taxa a termo (f) de seis meses, contada seis meses a partir de hoje, é de 2,5% a.a., portanto maior que a expectativa do investidor para o mesmo período (2,2% a.a.), a primeira opção é a melhor, pois ao aplicar no título de um ano travar-se-ia uma taxa de 2,5% a.a. para o segundo semestre de aplicação.

Resumo do capítulo

As fontes de recursos mais utilizadas no mercado financeiro internacional são os empréstimos em bancos comerciais internacionais (eurocréditos), euromercado de notas e títulos e mercado de bônus (*bonds*) internacionais.

O mercado de bônus internacionais se divide basicamente em bônus estrangeiros e eurobônus. Existem diversas estruturas de pagamento de bônus, as quais dependerão do tipo de instrumento financeiro.

O preço dos títulos é obtido pelo valor presente de seus fluxos de caixa futuros. Suas taxas de retorno poderão ser mensuradas de três maneiras distintas: retorno corrente, retorno até o vencimento e retorno até o resgate.

O capítulo a seguir tratará das principais operações estruturadas utilizadas pelas empresas no mercado internacional.

3

Operações estruturadas nas finanças internacionais

Este capítulo desenvolve conceitos e análises pertinentes à construção e à montagem de operações financeiras, estruturadas no mercado internacional, destinadas à gestão de recursos em contexto global de forma a consolidar a percepção das melhores vantagens comparativas.

Securitização de contratos de exportação

A securitização de contratos de exportação caracteriza-se como operação de crédito externo vinculada às exportações, e é qualificada, para fins de registro, como empréstimo externo ou financiamento à importação, conforme o caso. Na securitização de exportação, uma companhia exportadora, originadora de direitos de crédito em divisas ou divisas internacionais (credora da venda) e necessitada de capital de giro, capta recursos no mercado externo por meio da cessão de recebíveis, oriundos de seus contratos de exportação.

A securitização internacional diz respeito à emissão de um valor mobiliário no exterior por uma empresa, a qual possui, em seu patrimônio, direitos de crédito oriundos, em princípio, de contratos de exportação, celebrados por companhia nacional com importadores estrangeiros. Por meio dessa operação, a companhia brasileira, exportadora – sociedade originadora dos direitos de crédito – capta recursos no mercado externo, mediante a cessão dos recebíveis, oriundos dos seus contratos (de exportação), à sociedade de propósito específico (SPE), emitente de valores mobiliários. Em outras palavras, a sociedade estrangeira emite valores mobiliários no exterior, aplicando o montante da moeda assim obtido na aquisição dos créditos possuídos pela companhia brasileira exportadora de bens ou serviços. O aspecto mais importante desse tipo de operação é que os ativos que irão garantir o cumprimento das obrigações pecuniárias assumidas na escritura de emissão ainda não existem, mas serão originados no futuro.

Visando a dar ao investidor a segurança almejada, contratualmente são estabelecidos os requisitos que devem ser atendidos para que um direito creditório seja passível de transferência à sociedade emissora. Como simples veículo financeiro e para garantir a independência da SPE, emitente dos valores mobiliários, sua administração se preocupará, exclusivamente, em fazer com que determinados títulos por ela emitidos sejam pagos na data de seu vencimento. Para tanto, uma complexa estrutura contratual e societária é estabelecida. Para fins de recebimento dos pagamentos a serem efetuados pelos importadores, é admitida a abertura de conta vinculada em nome do tomador, em moeda estrangeira, no exterior, em instituições financeiras de primeira linha, para depósitos decorrentes das exportações realizadas durante os períodos de pagamento da operação de captação externa.

A conta vinculada será movimentada para depósito e aplicação dos valores das exportações, para cumprimento das obrigações relativas à operação de captação e para ingressos de saldos no país, dentro dos limites autorizados pela regulamentação específica. Enquanto não utilizado, o saldo da conta vinculada deve ser aplicado e a totalidade dos rendimentos obtidos mais o principal serão objeto de ingresso no país imediatamente após a quitação das obrigações da operação de crédito, a cada período de pagamento. O saldo conjunto dos depósitos e das aplicações não deve exceder, a qualquer tempo, 100% do montante dos compromissos financeiros da operação de crédito para cada parcela vincenda de principal e juros. Cumpre ao tomador dos recursos externos identificar, nos campos apropriados do registro de operações financeiras (ROF), as principais características da captação dos recursos bem como da conta vinculada. Somente podem ser vinculadas à operação de captação as exportações cujas contratações de câmbio (tipo 01) venham a ocorrer após o desembolso dos recursos, o ingresso das respectivas divisas no país ou o embarque dos bens no exterior.

Essa modalidade de financiamento tem-se mostrado rara por motivos oriundos das divergências fiscais, inexistência de padronização logística nos portos e aeroportos e irregularidade nas movimentações financeiras. Consiste em operação de volume e prazo elevados, que compensam os altos custos fixos de sua montagem. Dessa forma, o exportador brasileiro consegue acessar o mercado internacional de investidores, levantando recursos a custo compatível com o risco do importador (e do país em que se localiza), ao oferecer garantia do fluxo de venda das exportações.

Em termos simples, a securitização consiste no processo por meio do qual uma empresa retira certos ativos, geralmente recebíveis, do seu balanço e os utiliza como garantia para a emissão de um título de dívida.

Vejamos um exemplo prático: A empresa X é uma financeira que banca a aquisição de veículos. A empresa possui um nível de risco tal que lhe permite captar recursos por três anos no mercado de títulos a um *spread* de 350 *basis points* (bp). Ao securitizar seus recebíveis, ela conseguirá captar a um custo bem mais baixo, a 200 bp de *spread*, por exemplo. A montagem da operação passo a passo é a seguinte:

1º passo – Cria-se uma empresa destinada exclusivamente a adquirir os recebíveis e emitir os títulos. As empresas desse tipo denominam-se companhias de propósito específico (CPE) e, por questões tributárias, localizam-se geralmente em um paraíso fiscal.

2º passo – A financeira "vende" os recebíveis para a CPE, que lhe pagará após a emissão dos títulos.

3º passo – A CPE emite títulos no mercado internacional lastreados pelos fluxos de caixa dos recebíveis. Com os recursos obtidos na emissão paga à empresa X o valor da aquisição dos recebíveis.

4º passo – Como os títulos são lastreados pelos recebíveis, todos os recursos pagos pelos devedores da empresa X são canalizados para o pagamento dos compromissos dos títulos.

Por que o arranjo acima descrito pode ser interessante para a empresa X? É bem provável que a CPE consiga emitir títulos a um custo significativamente inferior ao que a empresa X conseguiria emitindo seus próprios títulos. O custo de captação da CPE será função de três parâmetros: o arranjo jurídico obtido na montagem da securitização, a qualidade dos recebíveis e a qualidade das eventuais garantias existentes.

É importante termos em mente que o benefício da operação reside no fato de que os ativos securitizados possuem uma qualidade de crédito superior à da empresa proprietária desses ativos. Assim uma empresa com alto risco de crédito, mas que possua recebíveis de boa qualidade, poderá captar recursos a um custo compatível, não com seu próprio nível de risco, mas com o nível de risco dos seus recebíveis.

Para que o mecanismo de securitização alcance sucesso, é fundamental a estruturação jurídica que isole os recebíveis da empresa. Isto é, que garanta que, independentemente do que venha a ocorrer com a empresa, aqueles recebíveis continuarão a ser direcionados para a CPE para o pagamento dos compromissos dos títulos.

Tais recebíveis podem tanto ser contratos comerciais, geralmente de exportação, com empresas de maior porte e menor risco do que a empresa em questão, quanto podem ser um grande número de dívidas de pequeno valor. Neste último caso, à semelhança da indústria de seguros, trabalha-se com a "lei dos grandes números". A vantagem de um grande número de recebíveis de pequeno valor é que o percentual de inadimplência é razoavelmente previsível e estável.

Alternativamente poderão ser criadas *tranches* (parcelas) de títulos de classes diferentes, lastreadas no mesmo conjunto de recebíveis. As várias classes de títulos representam diferentes prioridades no uso dos recursos recebidos. Por exemplo, para $ 100 de recebíveis seriam criados $ 70 em notas sênior, $ 20 em notas subordinadas e $ 10 seriam alocados como margem de garantia para cobrir eventuais inadimplências. As notas sênior têm prioridade nos recursos gerados pelos recebíveis, e as notas subordinadas somente receberiam recursos após destinados todos os recursos referentes às notas sênior.

Assim, no caso de alguma inadimplência superior à margem de segurança, as notas subordinadas arcariam com o prejuízo. Obviamente as notas subordinadas teriam de pagar ao investidor um rendimento consideravelmente superior ao das notas sênior, de forma a lhe compensar o incremento no risco.

Convênio de Pagamentos e Créditos Recíprocos (CCR) da Aladi

O Convênio de Pagamentos e Créditos Recíprocos (CCR) foi firmado em 25 de agosto de 1982, com o objetivo de facilitar o intercâmbio comercial entre os países-membros da Aladi (Associação Latino-Americana de Integração). Participam desse convênio os seguintes países: Argentina, Bolívia, Brasil, Chile, Colômbia, Equador, México, Paraguai, Peru, Uruguai, Venezuela e República Dominicana.

O CCR funciona como um sistema de compensação em dólares dos Estados Unidos (US$) entre os bancos centrais dos países participantes. A cada quadrimestre as operações são fechadas e faz-se a conciliação de movimentos financeiros a crédito ou débito entre os bancos centrais. As operações e informações são centralizadas pelo Centro de Operações do CCR (CCR-COP), localizado em Lima, no Banco Central do Peru.

O CCR é, então, um mecanismo de proteção ao "risco soberano" que pode ser utilizado no comércio exterior entre as empresas dos países signatários. O principal benefício oferecido pelo uso do convênio é a garantia de pagamento somada ao fato de que, com a eliminação do risco comercial, tanto exportador como importador podem se beneficiar junto ao sistema financeiro.

Cada banco central define as normas e cadastra os bancos comerciais autorizados a operar e canalizar os pagamentos do CCR dentro de seu país. Para que uma operação seja coberta pelo CCR, a empresa interessada deve solicitar previamente a um banco comercial autorizado que a importação ou exportação utilize esse mecanismo. Os principais instrumentos financeiros por meio dos quais é possível realizar operações pelo CCR são ordens de pagamento, saques nominativos, cartas de crédito, créditos documentários, letras avalizadas e notas promissórias derivadas de operações comerciais.

No Brasil, o CCR é operado pelo Banco Central do Brasil (Bacen), e as regras encontram-se definidas no capítulo 17 do Regulamento do Mercado de Câmbio e Capitais Internacionais (RMCCI).

Operações back to back

A operação *back to back* é caracterizada pela compra de mercadorias do exterior por uma empresa estabelecida no Brasil que revende o produto a um terceiro, sendo que tanto a compra quanto a entrega ocorrem no exterior, sem trânsito da mercadoria pelo território brasileiro. Essa operação ocorre sob controle de uma empresa brasileira, que, após efetuar a transação do recebimento da venda, efetua o pagamento das compras ao fabricante. Nesse contexto, na operação triangular não é necessário nenhum processo de liberação aduaneira da mercadoria, uma vez que não ocorre o ingresso da mesma no território nacional, ocorrendo somente a transação comercial de compra e venda e os respectivos pagamentos. Do ponto de vista da regulamentação cambial, não há necessidade de autorização específica por parte do Banco Central para a realização de operações *back to back*. As vantagens observadas nesse tipo de operação são: ganho financeiro com a operação, tendo em vista que o valor da venda deve ser maior que o valor da compra, e redução dos custos logísticos de um processo normal de exportação e importação.

A operação *back to back* é caracterizada como uma importação conjugada com uma exportação, sendo que a mercadoria importada não ingressa no território aduaneiro brasileiro. A mercadoria é vendida de um país A para o Brasil e este o revende para um país C, sem existir nenhum processo de exportação e importação, com relação ao despacho aduaneiro e à nacionalização da mercadoria em território brasileiro (Ainglobal, 2011).

Desse modo apresentaremos os procedimentos na utilização de operações *back to back* em uma empresa de um segmento qualquer, tendo em vista que este tema é relativamente novo e cria novas oportunidades de negócios por meio de operações de triangulação.

As operações back to back na globalização

A globalização pode ser caracterizada como um processo em que nações de diferentes culturas e situações econômicas distintas efetuam a troca de produtos dentro de um regime capitalista.

Neste sentido, a internacionalização das organizações oferece oportunidade de crescimento do país, tornando-o competitivo no mercado global (Gervasoni, 2009).

O processo de entrada no mercado internacional é fundamentado em três fontes principais, sendo a primeira relacionada às características individuais, em que o indivíduo percebe as oportunidades de um determinado nicho de mercado e possui condições de satisfazer as necessidades desse público por meio de uma orientação internacional e na competência do gerenciamento das atividades de fornecimento (Gomes e colaboradores, 2009).

Na segunda característica, a organizacional, percebem-se os objetivos da organização, a disponibilidade de recursos para investimento internacional, a diferenciação dos produtos e a visão estratégica de estar presente em mercados globais (Gomes e colaboradores, 2009).

Na terceira característica, o meio ambiente, estudam-se a disponibilidade de recursos naturais, a localização do país de destino, as condições econômicas do momento e perspectivas para o futuro, a infraestrutura disponível e, finalmente, as políticas governamentais para fomentar o processo de internacionalização das mais variadas organizações, facilitando assim a diversificação de produtos a serem comercializados (Gomes e colaboradores, 2009).

Por meio das exportações, os países realizam trocas de produtos ou serviços, pois sozinhos não conseguiriam suprir sua demanda interna. Exportar é uma alternativa estratégica de desenvolvimento empresarial na medida em que estimula a eficiência, estabelecendo uma relação intrínseca entre quem produz e quem consome, que resulta em constante aprimoramento por parte do produtor para conquistar e preservar o consumidor (Lopez e Gama, 2004).

Em todo o processo de exportação e importação, no quesito responsabilidade pela entrega das mercadorias e na divisão dos riscos de embarque, existem, para ambas as partes envolvidas, procedimentos determinados nos Termos Internacionais de Comércio ou *International Commercial Terms* (Incoterms), que são condições-padrão no comércio internacional (Glitz, 2011).

Essa padronização foi efetuada pela Câmara de Comércio Internacional de Paris (ICC), que emitiu a primeira publicação em 1936 e, a partir de então, a cada década (1953, 1967, 1976, 1980, 1990, 2000 e 2010) vem atualizando-a de acordo com as necessidades do comércio internacional, uma vez que surgem novas metodologias de vendas e deve haver uma linguagem uniforme entre o exportador e o importador (Glitz, 2011).

Uma das condições de venda é o Incoterm FOB (*free on board*), em que o exportador deve entregar a mercadoria liberada e embarcada no navio. A partir daí, todos os custos e riscos são de responsabilidade do importador. Com isso, os Incoterms também são conhecidos como cláusulas de preço (Glitz, 2011).

Com o desenvolvimento da sua política externa, desde 2005, com a criação do Regulamento do Mercado de Câmbio e Capitais Internacionais (RMCCI), o Brasil vem buscando mais espaço nos mercados mundiais, e a balança comercial brasileira vem evoluindo ao longo da última década.

As operações back to back e o Banco Central

Para a caracterização de uma operação *back to back*, a empresa brasileira compra um determinado produto no exterior e efetua a venda desse produto para um terceiro país, sendo que a aquisição e a entrega ocorrem no exterior, sem que o produto circule fisicamente no território aduaneiro brasileiro. Dessa forma, a mercadoria é encaminhada do país do fabricante para o país importador do produto, sendo a operação controlada pela empresa brasileira (Banco Central do Brasil, 2012).

A empresa estabelecida no Brasil somente poderá efetuar o pagamento da compra, após ter recebido o valor correspondente à venda, ou seja, caracterizando o ganho financeiro da operação (Banco do Brasil, s.d.).

Dessa forma, a operação *back to back* caracteriza-se por uma operação triangular, ou seja, envolverá apenas três empresas:

- *a empresa fabricante no exterior*: a empresa que fabrica a mercadoria e que a vende para a empresa brasileira;
- *a empresa compradora brasileira*: a empresa brasileira que, por sua vez, efetua a venda da mercadoria para outra empresa no exterior, esta também considerada compradora final;
- *a empresa importadora no exterior*: considerada a compradora final, ou seja, a que efetivamente receberá a mercadoria.

As principais vantagens identificadas com a operação *back to back* são:

- ganho financeiro com a triangulação, tendo em vista que o valor da venda deve ser obrigatoriamente maior que o valor da compra;
- o fato de não haver necessidade de emissão do Registro de Exportação (RE), pois não há ingresso nem saída de mercadoria no/do Brasil.

Para a caracterização de uma operação *back to back* deve haver o ganho financeiro por parte do exportador brasileiro, uma vez que este efetua inicialmente um acordo comercial de fornecimento de mercadoria junto ao importador. Para a realização de uma operação *back to back* no âmbito cambial não existe a necessidade de uma autorização formal do Banco Central, porém a operação de câmbio envolvendo os pagamentos e recebimentos deve ser efetuada com instituições autorizadas pelo Bacen (Banco Central do Brasil, 2012).

Entre as possibilidades de utilização do *back to back* está o fato de que a empresa poderá exportar um produto, agregar um complemento ao mesmo e, a partir daí, executar o processo final da exportação para um terceiro país.

Com relação ao tratamento tributário, vale ressaltar a posição da Receita Federal do Brasil, que, de acordo com a Solução de Consulta nº 398, de 23 de novembro de 2010, do Ministério da Fazenda, definiu que as operações *back to back* não caracterizam exportação nem importação de mercadoria. Veja:

> [...] por conseguinte, quanto à compra não há a incidência da contribuição para o PIS/Pasep, prevista para a importação, quanto à venda não cabe a exoneração da mesma contribuição, referente à exportação.
> A base de cálculo da contribuição para o PIS/Pasep é o faturamento que corresponde ao total das receitas auferidas pela pessoa jurídica. Sendo assim, a base de cálculo da citada contribuição em operação de *back to back* corresponde ao valor da fatura comercial emitida para o adquirente da mercadoria, domiciliado no exterior.
> [...] por conseguinte, quanto à compra não há a incidência da Cofins, prevista para a importação, quanto à venda não cabe a exoneração da mesma contribuição, referente à exportação. A base de cálculo da Cofins é o faturamento que corresponde ao total das receitas auferidas pela pessoa jurídica. Sendo assim, a base de cálculo da citada contribuição em operação de *back to back* corresponde ao valor da fatura comercial emitida para o adquirente da mercadoria, domiciliado no exterior [Brasil, 2010].

As operações de compra e venda

O importador efetua a compra pagando antecipadamente e sabendo que o produto será embarcado de um terceiro país e que se trata de uma operação triangular. Para formalizar o processo de compra e venda, a empresa exportadora brasileira emite a fatura pró-forma, que é o contrato acordado entre ambas as partes. Nessa operação poderá ou não ocorrer a intermediação de um agente profissional terceirizado, especialista em desembaraços aduaneiros, no país do fabricante do produto. A intermediação não ocorrerá nos casos em que a empresa possua capilaridade operacional na praça de interesse.

O importador final prefere efetuar tal triangulação pelo respaldo da marca da empresa exportadora brasileira junto ao mercado internacional.

Com o recebimento do pagamento efetuado pelo importador, o exportador brasileiro efetua o pagamento ao fabricante no exterior e, posteriormente, este embarca as mercadorias para o importador final, ou seja, o consignatário da mercadoria. Dessa forma, o pagamento antecipado é comum entre ambas as partes envolvidas, ou seja, o importador e o fabricante.

O Incoterm utilizado é o FOB, de acordo com o qual o processo de despacho aduaneiro é de responsabilidade do fabricante da mercadoria, possuindo ele a obrigação de alocar a mercadoria a bordo do navio. O frete e o seguro internacional são contratados diretamente pelo importador.

Importante citar que a empresa exportadora brasileira não necessita efetuar nenhum processo de despacho aduaneiro de exportação ou importação e também não ocorre a emissão de registro de exportação (RE), solicitação de despacho (SD) e declaração de importação (DI) no Sistema Integrado de Comércio Exterior (Siscomex) junto à Receita Federal do Brasil.

A operação cambial no back to back

A solicitação de autorização para operacionalizar o *back to back* refere-se à celebração dos contratos de câmbio de exportação (tipo 1) e de importação (tipo 2).

A empresa deverá formalizar a solicitação na instituição financeira autorizada a operar em câmbio, informando:

- nome da empresa exportadora brasileira como indicação do banqueiro correspondente para o pagamento da operação ao fabricante;
- nome do fornecedor no exterior;
- valores envolvidos no processo;
- nome e país do agente;
- valor da comissão do agente;
- cópia das faturas do exportador brasileiro e do fabricante;
- valores para a celebração dos contratos tipos 1 e 2.

O valor da venda deverá ser superior ao valor da compra para que haja o ganho financeiro.

Os contratos de câmbio deverão ser celebrados em uma mesma instituição financeira e para liquidação pronta.

Segundo o Banco Central do Brasil (2012), os contratos de câmbio deverão ser celebrados nas seguintes naturezas: exportação – tipo 1, código da natureza 10447; e o de importação – tipo 2, código da natureza 15442, seguindo as orientações do Regulamento do Mercado de Capitais e Capitais Internacionais (RMCCI), título 1 (Mercado de Câmbio), capítulo 8 (Codificação de operações de câmbio), seção 2 (Natureza de Operação), subseções 2 (Exportação) e 3 (Importação). Por meio desses códigos de natureza os contratos de câmbio são identificados como operações *back to back*.

A triangulação dos documentos nas operações back to back

A fabricante do produto no exterior encaminha para a empresa exportadora brasileira somente a fatura comercial referente à compra. De posse dessa fatura comercial, a empresa exportadora brasileira emite uma nova fatura comercial com o valor da venda negociada com o importador final do produto.

Os valores entre as faturas são diferentes, caracterizando assim a operação *back to back*, na qual ocorre o ganho financeiro para a empresa exportadora brasileira.

É com essa nova fatura comercial que o importador efetua o processo de nacionalização da mercadoria, juntamente com o conhecimento de embarque marítimo (*bill of lading*), que é retirado na agência marítima do seu país, uma vez que a condição de embarque negociada foi FOB (*free on board*).

Uma observação importante diz respeito ao *shipper* (embarcador), que no conhecimento de embarque (*bill of lading* para o embarque marítimo) é a empresa fabricante da mercadoria; o consignatário e o notificado são o importador final da mercadoria.

Com o desenvolvimento das economias globais, é inevitável que novas formas de comércio surjam, principalmente pelo fato de que cada vez mais as trocas internacionais de mercadorias, tecnologias e serviços estão quebrando as fronteiras da distância continental entre as nações.

A operação triangular *back to back* pode ser considerada uma ferramenta financeira eficaz para que as organizações, em que pese a competitividade global, possam comercializar seus produtos com novos parceiros e assim desenvolver alternativas positivas frente aos gargalos que enfrentam em seu mercado doméstico. Entretanto, as possibilidades de novas ferramentas devem estar disponíveis e entendidas por todos os órgãos intervenientes em um processo de exportação e importação, a fim de que a utilização seja feita de forma segura e eficaz.

O crédito bancário (banking)

Os bancos privados constituem a principal e mais tradicional fonte de recursos para a gestão das finanças internacionais, respondendo pelo financiamento e/ou empréstimos diretos para as operações mais importantes e de menor risco. A exceção a esta regra foi o período imediatamente após a II Guerra Mundial, quando a escassez de dólares e as limitações à conversibilidade das moedas nacionais fizeram com que as instituições públicas dominassem esse mercado.

As operações de financiamento à exportação podem ser de dois tipos: caso concedidas ao exportador, são chamadas de *supplier's credit*; quando são direcionadas ao importador, são denominadas *buyer's credit*.

No primeiro caso, o devedor ou garantidor principal da dívida perante o banco é o exportador, que na maior parte dos casos foi quem tomou a responsabilidade pela concessão do crédito ao importador, normalmente em troca de títulos de dívida ou recebíveis de exportação – notas promissórias, letras de câmbio ou cartas de crédito. Para a instituição financiadora, o risco de pagamento é o do exportador. É a empresa vendedora que verá reduzido seu limite de crédito na instituição financeira e terá de carregar a dívida em seu balanço, reduzindo o "espaço" de seu balanço para outras operações.

O *buyer's credit* é a modalidade mais usual de financiamento à exportação, particularmente quando se trata de operações de grande valor e prazos longos. O exportador não tem nenhuma responsabilidade pelo crédito. É a forma de financiamento mais adequada para o exportador na medida em que não ocupa "espaço" de crédito em seu balanço nem o obriga a administrar crédito, documentos e cobrança.

O financiamento e/ou empréstimo para uma operação isolada pode envolver um único banco, um consórcio de bancos ou até mesmo bancos diferentes em etapas diferentes do processo. Isto porque exportações de maior valor requerem, num primeiro momento, adiantamento de recursos para capital de giro dos produtores dos bens e serviços – o pré-embarque – e, uma vez que a exportação tenha sido efetivada, o financiamento e/ou empréstimo à venda dos bens ou serviços exportados – o pós-embarque.

As operações de financiamento pré-embarque, ou à produção, permitem aos exportadores fazer frente a suas necessidades de recursos para realizar a produção, ou seja, aos gastos efetuados entre o momento da assinatura do contrato ou do início da produção até o embarque.

No caso do pré-embarque, os bancos, ao analisarem o risco da operação de financiamento, levarão em conta não só a capacidade de pagamento da empresa exportadora (possibilidade de a empresa atrasar pagamentos, falir ou entrar em concordata antes do embarque), mas também seu risco de *performance* (se o exportador não conseguir embarcar o bem a ser exportado no prazo ou nas condições contratadas), bem como o risco comercial e político do importador (sua capacidade de pagar em moeda nacional e de ver essa soma posteriormente ser transferida para o exterior).

Nos países menos desenvolvidos, como as moedas locais geralmente não são conversíveis, os juros internos tendem a ser mais elevados que os praticados nos mercados internacionais. Para evitar que esse custo financeiro mais elevado prejudique a competitividade dos exportadores, os bancos centrais locais normalmente disponibilizam para a rede bancária comercial linhas para operações de pré-embarque a taxas internacionais.

O Brasil tem a modalidade de financiamento pré-embarque conhecida por adiantamento de contrato de câmbio (ACC). Trata-se de uma operação em que o exportador vende a um banco comercial a divisa que deverá receber no futuro, quando embarcar sua mercadoria. Os bancos brasileiros, por sua vez, para gerar os reais que serão entregues ao exportador, lançam mão da linha de crédito de curto prazo que possuem no exterior, denominada *pré-export finance*, internalizando de imediato divisas que serão repostas com o produto da venda do bem exportado.

O financiamento pós-embarque, ou à comercialização, como o próprio nome sugere tem por objeto a exportação depois que a mercadoria foi entregue para o importador. Tem início logo em seguida ao embarque da mercadoria e se estende até a data final dos pagamentos, o que geralmente envolve prazo de, no mínimo, um ano. Quando os prazos de pagamento são inferiores a 360 dias, essa operação de crédito é considerada uma mera extensão do pré-embarque.

A eficácia de um financiamento pós-embarque na determinação da decisão de compra do importador dependerá basicamente dos prazos e taxas de juros oferecidos. Terão impacto positivo se suas condições forem melhores que as que o comprador consegue obter em seu próprio mercado financeiro ou junto aos bancos ou agências de crédito que apoiam outros exportadores potenciais.

Diferentemente do pré-embarque, o pós-embarque pode ser do tipo *supplier's* ou *buyer's*. O *supplier's* é uma alternativa importante para exportadores de bens seriados – bens de consumo ou máquinas de uso generalizado – que possuem uma clientela fidelizada. Garante que a decisão de crédito seja tomada em momento adequado para uma venda que, em geral, é decidida rapidamente. Trata-se de um instrumento ágil de vendas do exportador. O *buyer's credit* é a modalidade mais usual de financiamento ao pós-embarque, particularmente quando se trata de operações de grande valor e prazos longos de pagamento.

Na prática, a linha de crédito é um "acordo guarda-chuva" que permite, de forma automática ou semiautomática, apoiar um grande número de operações. Algumas dessas linhas servem para permitir o "casamento" (*hedge*) entre moedas ou o acesso a taxas de juros mais reduzidas (arbitragem de taxas de juros).

No caso de países não emissores de divisas, as linhas de *trade finance* são, geralmente, formas reduzidas de financiamento, pois a garantia do repagamento do crédito é uma exportação que deverá ocorrer no curto prazo, gerando, portanto, uma receita em divisas conversíveis. Com isso, os bancos financiadores no exterior não provisionam recursos para eventuais moratórias, o que reduz substancialmente o custo básico da operação.

Forfaiting

É um serviço financeiro oferecido aos exportadores para operações que, por motivos de risco ou de conveniência, não podem ser financiadas no mercado bancário internacional. Por envolver o desconto de recebíveis de exportação, o *forfaiting* só pode ser utilizado na fase pós-embarque, uma vez que o importador só aceitará a dívida se e quando a mercadoria lhe tiver sido entregue. Esse tipo de financiamento também não se adéqua a operações de exportação muito complexas nem às que envolvem longo período de negociação, uma vez que esse mercado de títulos é muito volátil e envolve volumes de recursos muito inferiores aos transacionados por meio dos bancos.

Os principais operadores de *forfaiting* são bancos e empresas não financeiras independentes, conhecidas por *forfaiting houses*, que normalmente não encarteiram esses títulos por muito tempo. Em geral, os direcionam para investidores interessados em riscos "exóticos" (inaceitáveis para os bancos internacionais), tais como o de países que não gozam de boa reputação de pagamento (exemplo: Cuba, Irã, Venezuela, Equador ou Argentina) ou de mercadorias de venda controlada (exemplo: armamentos). Esses investidores são, muitas vezes, nacionais do país do importador com aplicações no exterior que percebem o risco diferentemente do restante do mercado, por terem "vantagens" de informação ou acesso a mecanismos informais de garantia de pagamento em seus países de origem.

É possível, no caso de grandes empresas internacionais, realizar *forfait* papéis sem aval de bancos, mas isso não é comum. O custo do aval bancário normalmente afasta essas empresas, relegando o *forfaiting* às operações de pequeno porte ou que não são de primeiríssima linha. Muitos bancos internacionais também não aceitam avalizar papéis a serem transacionados nesse mercado pelo risco de poderem vir a ter o nome de sua instituição envolvida com operações de "lavagem de dinheiro".

O *forfaiting* é, assim, um mercado que opera complementarmente aos bancos internacionais. Aliás, sua origem é esta: surgiu nos anos 1960 para agilizar o comércio entre a Europa ocidental e os países do Leste europeu, então sujeitos a regimes comunistas e operando com moedas inconversíveis. Seu centro está em Londres, mas também é expressivo o volume de operações transacionadas em Nova York. O mercado de *forfaiting* vem crescendo nos últimos anos, visto que, diante da desregulamentação dos mercados financeiros, novos aplicadores, como seguradoras e fundos de pensão, também passaram a se interessar por cambiais de exportação.

Numa operação de *forfaiting*, o exportador aceita vender ao importador uma mercadoria a ser paga a prazo, pactuando uma taxa fixa de juros, bem como um esquema de amortização, normalmente de parcelas iguais e semestrais, um prazo total e outro de carência para o pagamento da dívida. Uma vez que o embarque da mercadoria tenha sido realizado e os documentos estejam em boa ordem, o importador aceita os recebíveis (por exemplo, letras de câmbio) e os envia a seu banco para que este os avalize. No caso de carta de crédito, o procedimento é um pouco diferente. O banco negociador no país do exportador envia uma "carta-remessa" ao banco emissor confirmando que a documentação está em boa ordem e se há ou não discrepâncias entre o que havia sido estabelecido na carta de crédito e o que se verificou no embarque (por exemplo, prazo de embarque, quantidade e qualidade da mercadoria). Se, conforme a tradição, não houver contestação do banco emissor ou se este enviar uma correspondência aceitando as discrepâncias, a dívida torna-se aceita e passa a ser obrigação de pagamento do banco emissor.

No caso de cambiais, o exportador vende os títulos ao *forfaiter* por meio de endosso nominativo ou ao portador, recebendo em dinheiro o valor das séries de amortização e juros, descontadas a uma taxa fixa. No caso de carta de crédito, tal transferência pode se dar de duas maneiras: pedindo autorização ao banco emissor para alterar a titularidade do crédito ou por meio de uma "cessão de direitos creditórios", por instrumento particular. Neste último caso, é necessário se tomar precauções com relação à forma de pagamento – banco e número da conta –, uma vez que o exportador continua sendo o beneficiário da carta.

O *forfaiter* geralmente não retém esses créditos em seu próprio portfólio. Os títulos ou documentos são, em um prazo curto, "revendidos" para um encarteirador definitivo ou provisório. Quanto mais "distante" o exportador estiver do encarteirador do papel, maior será o custo do desconto.

O mercado é muito rigoroso com relação à formalidade da operação. É importante que o exportador conheça bem os procedimentos relacionados a títulos e documentos para evitar o risco de o *forfaiting* não vir a se realizar. Quanto a cartas de crédito, é necessária a ajuda de um banco experiente em comércio internacional.

A figura 2 apresenta o fluxograma das operações de *forfaiting*.

Figura 2
FLUXOGRAMA DAS OPERAÇÕES DE *FORFAITING*

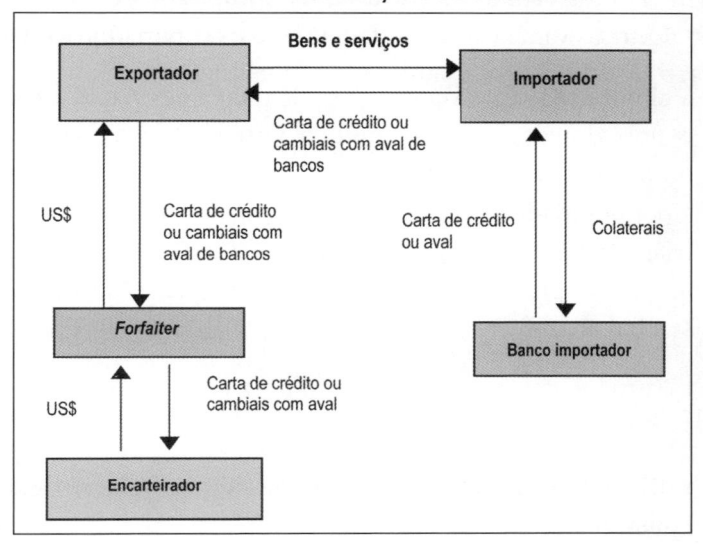

[Fluxograma mostrando: Exportador ↔ Importador (Bens e serviços); Importador → Exportador (Carta de crédito ou cambiais com aval de bancos); Exportador → Forfaiter (Carta de crédito ou cambiais com aval de bancos); Forfaiter → Exportador (US$); Importador → Banco importador (Carta de crédito ou aval, Colaterais); Forfaiter → Encarteirador (Carta de crédito ou cambiais com aval); Encarteirador → Forfaiter (US$)]

Para se entender o *forfaiting* é importante ter presente como se dá o cálculo da operação de desconto. Seu início ocorre quando o exportador negocia com o importador uma taxa de juros fixa e um esquema de prazos e prestações para o pagamento de sua dívida. Esses termos e condições têm que estar em acordo com o que o mercado de *forfaiting* está praticando naquele momento. Geralmente, os prazos máximos tendem a ser menores e as taxas de juros tendem a ser maiores quanto maior o risco do país do importador. A menos que o exportador tenha um acordo já firmado com um comprador determinado, deve seguir os limites praticados pelo mercado, sob risco de não conseguir obter o valor esperado com a venda ou até mesmo ser surpreendido pela falta de compradores para seu "papel".

Em qualquer *forfaiting*, os pagamentos de juros e de principal são trazidos a valor presente pela taxa do desconto. A soma das parcelas a valor presente é o montante a ser pago à vista ao exportador, e a diferença entre o valor presente de cada parcela e seu valor de face é o desconto a ser apropriado pelo *forfaiter*. Entre as vantagens do *forfaiting* para os exportadores estão:

❏ a eliminação, após o desconto, de quaisquer riscos para os exportadores (comercial, político, flutuação de taxas de juros ou de taxas de câmbio);
❏ a possibilidade de obter 100% de financiamento;
❏ o fato de o risco do seu país não ser levado em conta no custo;
❏ o não comprometimento de seus limites de crédito nem de seu balanço.

Entre as desvantagens do *forfaiting* para os exportadores destacam-se:

❏ a dificuldade de vincular o *forfaiting* a uma operação de pré-embarque;
❏ a volatilidade e o curto prazo das cotações do mercado (máximo de 90 dias);
❏ a preocupação formal com os títulos e os documentos envolvidos.

Factoring

O *factoring* reúne as vantagens do financiamento com as da administração de cobranças. Em seu estágio mais avançado, torna-se uma terceirização das atividades de crédito, contas a pagar e financiamento, para citar algumas. As vendas são realizadas para consumidores que têm crédito junto a empresa de *factoring (factor)* e essa se encarrega de fazer as cobranças nas datas pactuadas. A operação mais comum de *factoring* é a compra por meio de cartão de crédito.

Quando a compra é paga com cartão de crédito, já houve uma seleção de clientes (análise de crédito) por parte da companhia que emitiu o cartão de crédito e essa paga imediatamente ao vendedor o valor da transação menos uma taxa. A partir desse momento, o vendedor deixa de ter responsabilidade pelo pagamento a ser efetuado pelo comprador. A cobrança é feita diretamente pela operadora do cartão de crédito nas datas dos vencimentos preestabelecidas. Caso o cliente não pague, a responsabilidade é da operadora, a menos que haja fraude comprovada por parte do vendedor.

No Brasil, o *factoring* recorre, não raro, ao crédito bancário e opera por meio do desconto de cheques pré-datados endossados à *factor*, permitindo, assim, que a empresa regresse contra seu cliente no caso de inadimplemento.

Factoring internacional é uma operação de *factoring* normal em que o vendedor é um exportador e o comprador é um importador. É um instrumento de financiamento à exportação que vem se difundindo rapidamente nos últimos anos junto a exportadores de menor porte.

As operações, em geral, não superam 120 dias. O exportador solicita uma linha de crédito a sua empresa de *factoring* (*factor*). O *factor* limita o universo de clientes da empresa e estabelece um limite de crédito, se a operação for sem direito de regresso. Caso contrário, o limite de crédito é aberto para o exportador, sem limite de clientes. Se algum destes clientes for importador, o *factor* do exportador contata a empresa internacional (por exemplo, Factor Chain International (FCI)), para identificar o crédito do importador junto às empresas de *factoring* de seu país. Caso haja interesse, os dois *factors*, diretamente ou por meio da Factor Chain, estabelecem um compromisso entre si. O risco de crédito de *factor-exportador* passa a ser o *factor-importador*.

Uma vez que os bens sejam embarcados e faturados ao importador, este último encaminha uma cópia da fatura (*invoice*) ao *factor* do importador, diretamente ou por meio do exportador.

O *factor* libera um pagamento (sem direito de regresso) ou um adiantamento (com direito de regresso) ao exportador. O *factor* encaminha a cópia do documento à FCI para que a empresa de *factoring* do país do importador desembolse um adiantamento ou um pagamento. O pagamento da fatura é feito diretamente ao *factor* local que, com isso, liquida todas as obrigações pendentes na cadeia.

Entre as vantagens do *factoring* para os exportadores está o fato de não ocupar seu limite de crédito junto aos bancos, não aparecer em seu balanço e reduzir os custos de cobrança. Ademais é um instrumento de liquidez importante para empresas novas ou em rápido crescimento e que, por isso, não conseguem obter volumes de empréstimos suficientes junto aos bancos. Entre as desvantagens estão: os prazos curtos (90 a 180 dias), a manutenção de parte do risco com o exportador (mínimo de 20%), o fato de necessitar de lotes grandes e diversificados de clientes (o *factoring* não se aplica a operações isoladas) e o custo elevado frente ao crédito bancário e ao *forfaiting*.

Operações de leasing

Fluxo de caixa é ferramenta vital para qualquer negócio, equivalente ao pulmão da empresa saudável. A falta de capital de giro é o maior aniquilador de novos negócios em âmbito mundial. Daí surge o vasto leque de opções de gerenciamento financeiro para suprir tipos específicos de demanda. Entretanto, apesar de muita evolução, o Brasil permanece com taxas de juros elevadas quando comparadas às dos países desenvolvidos dentro do cenário econômico mundial.

O princípio é simples: enquanto a empresa arrendatária estiver pagando as prestações e o contrato vigorando, o bem não será lançado contabilmente no ativo permanente.

É sabido que temos no Brasil uma das operações de importação mais tributadas e complexas do mundo. Entre os impostos incidentes na importação, todos em cascata, temos o último da cadeia, o imposto sobre circulação de mercadorias (ICMS). Entretanto, fica o recolhimento do ICMS suspenso quando do desembaraço aduaneiro na importação temporária do equipamento destinado ao ativo fixo de empresa em operação de arrendamento mercantil (*leasing*).

A operação de *leasing* refere-se ao arrendamento por parte do proprietário de um bem (*lessor* ou arrendador) para uso de terceiros (*lessee* ou arrendatário), em contrapartida ao pagamento de um aluguel. É um esquema importante de "financiamento à venda" em mercados de equipamentos de uso difundido, como carros; de rápida obsolescência, como computadores e fotocopiadoras; ou de grande valor unitário, como navios e aviões. Nestes dois últimos mercados, o *leasing* é um instrumento muito importante de financiamento ao comércio exterior.

O *leasing* diferencia-se da operação tradicional de financiamento basicamente porque:

- o bem consta do ativo de arrendador, liberando o balanço do arrendatário;
- em caso de suspensão de pagamentos por parte do arrendatário, o bem pode ser facilmente tomado, ao contrário do que ocorre quando o bem é dado em garantia ao financiamento; nesses casos, os procedimentos jurídicos para a execução da garantia (acompanhada de leilão do bem) podem ser demorados e ineficazes;
- o contrato de arrendamento, caso não haja cláusula restritiva, pode ser mais facilmente interrompido – esse tipo de operação, passível de interrupção, é chamada de *leasing* operacional –, ao contrário do que ocorre com a compra efetiva de um bem;
- não ocupa limites de crédito do arrendatário.

Existem dois tipos de operações de *leasing*: o financeiro (*financial lease*) e o operacional (*straight* ou *operating lease*). No *leasing* financeiro, a operação tem por objeto um bem de uso específico, quer por ter sido feito sob encomenda para o arrendatário, quer por integrar um complexo de produção que não pode prescindir de seu uso (por exemplo, tubos de um gasoduto). No primeiro caso, o bem, apesar de alugado, não pode voltar à posse do arrendador pelo simples motivo de que não teria utilidade para terceiros, nem poderia ser vendido sem que o *lessor* incorresse em grandes perdas financeiras. No segundo caso, existiria um mercado alternativo para venda ou locação do bem, mas não é do interesse do arrendatário que isso venha acontecer. Em ambos, o arrendador não tem relação operacional com o bem, cuja posse pelo arrendatário tem de ser feita em forma definitiva.

O contrato de *leasing* financeiro é baseado na vida útil do bem (mais de dois anos). As parcelas mensais de aluguel são fixadas em valores constantes e calculadas de forma que o arrendador, nesse período, além de recuperar o valor pago na compra do equipamento, possa fazer face aos juros de um eventual financiamento e garantir um lucro mínimo. Quando o custo do equipamento não é integralmente recuperado com os pagamentos mensais, o arrendatário se obriga, ao final do contrato, a comprar definitivamente o bem, pagando ao arrendador um valor residual preestabelecido. Trata-se, na prática, de uma operação de financiamento transformada em aluguel, em que o arrendador "empresta" seu balanço para um financiamento que o arrendatário não quer tomar. Em contrapartida, o arrendatário passa a ter uma relação permanente com o bem.

O *leasing* operacional (*straight* ou *operating lease*) é a operação de arrendamento no sentido pleno da palavra. Os arrendadores têm o aluguel de equipamento como atividade principal e arcam com o risco de obsolescência e com os custos de reparo, assistência técnica e seguro. Eles podem assumir tal papel uma vez que o bem objeto de arrendamento é de uso difundido e possui mercado secundário para relocação ou venda. A compra é uma opção do cliente e não sua obrigação ao do final do contrato. O aluguel é calculado de forma a fazer face aos pagamentos correntes de depreciação, juros, lucro e *overheads* do locador, e o contrato é geralmente de curto prazo (um ano), não tendo relação com a vida útil do equipamento.

Existem vários tipos de *leasing* relacionados com a atividade exportadora: o internacional, o de exportação e o *sale and lease back*. O *leasing* internacional é caracterizado pela exportação de um bem fabricado em um país a ser adquirido por empresa de arrendamento ou *leasing* localizada em outro país (importadora).

Uma forma particular de *leasing* internacional é o caso em que a empresa arrendatária é da mesma nacionalidade da exportadora produtora do equipamento. Apenas a importadora arrendadora (*lessor*) é estrangeira. Essa operação só tem sentido se o bem, uma vez exportado, não tiver de pagar impostos de internação na sua reimportação e se não tiver de cruzar fisicamente a fronteira do país. É uma forma de planejamento fiscal, transformando uma operação de compra e venda no mercado doméstico em uma exportação e, com isso, atribuindo à produção nacional as vantagens fiscais (isenções e subsídios) e creditícias (taxas e prazos concessionais) de uma exportação, aumentando a competitividade do fabricante nacional. Muitas vezes, é a única maneira de produtores domésticos poderem competir com os esquemas de financiamento agressivos disponibilizados por concorrentes no exterior.

No Brasil, a Secretaria da Receita Federal, por meio de um regime aduaneiro especial denominado "Repetro", abriu, a partir de 1999, a possibilidade de operações de *leasing* internacional envolvendo equipamentos produzidos no país destinados a empresas brasileiras, desde que concessionárias de campos de petróleo. Nesse caso, o exportador fabricante brasileiro exporta documentalmente o bem para uma empresa arrendadora importadora situada em um paraíso fiscal, verificando-se necessariamente o pagamento em moeda estrangeira. Simultaneamente, a arrendadora firma um contrato de *leasing* desse bem com uma empresa concessionária no Brasil e o bem é documentalmente reinternado na forma de uma *admissão temporária* especial de um bem importado, na qual todos os impostos incidentes são suspensos até que o bem seja levado definitivamente para o exterior ou destruído. Caso seja mantido em território brasileiro após o período de admissão temporária, os impostos serão cobrados desde o momento de sua "entrada fictícia" no país.

O *sale and lease back* é uma operação em que uma empresa vende bens de seu patrimônio para uma arrendadora no exterior e, simultaneamente, faz *leasing back* (de volta) desses mesmos bens, de forma a não perder sua posse, apesar de ter perdido sua propriedade. Trata-se, portanto, de financiamento que envolve bens usados. É uma forma de a empresa arrendatária dar mais liquidez ao seu patrimônio. Esse instrumento pode também ser usado para reduzir o risco de investimento em determinada operação.

As operações de *leasing* internacional obedecem, em linhas gerais, os passos descritos na figura 3. Uma empresa de *leasing*, geralmente situada em um paraíso fiscal, adquire um equipamento (avião, por exemplo) para locação, graças a um empréstimo obtido junto a um sindicato de bancos. Os termos contratuais já foram previamente compatibilizados com os dos pagamentos mensais dos aluguéis.

Figura 3
FLUXOGRAMA DE UMA OPERAÇÃO DE LEASING INTERNACIONAL

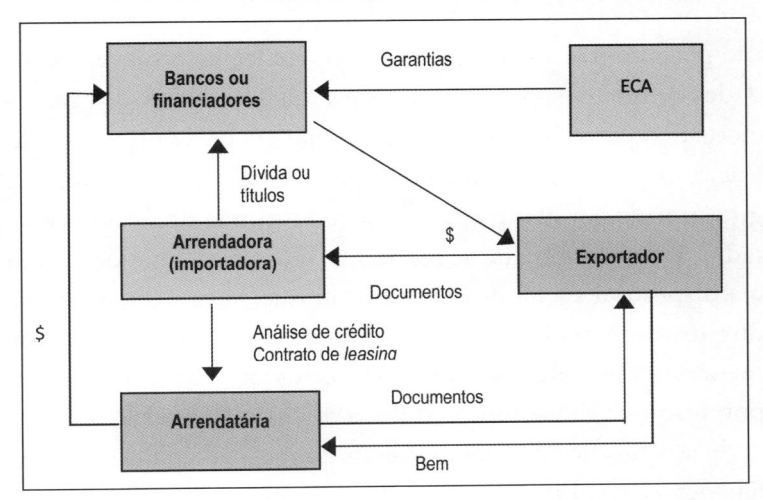

[Fluxograma com os elementos: Bancos ou financiadores, ECA, Arrendadora (importadora), Exportador, Arrendatária, com fluxos de Garantias, Dívida ou títulos, $, Documentos, Análise de crédito, Contrato de leasing, Bem]

Entre as vantagens do *leasing* para o importador está o fato de que o ativo que está sendo locado e as obrigações de pagamento não ocupam "espaço" no balanço do usuário final, diferentemente do que ocorreria no caso de uma compra financiada. Os pagamentos de aluguel são fixos nominalmente e considerados gastos correntes, sendo passíveis de dedução do imposto de renda.

Entre as desvantagens do *leasing* podem ser citados:

❑ o curto período de locação das operações internacionais, deixando o arrendatário sujeito a oscilações de preço, que pode variar muito conforme a situação de mercado, particularmente no caso de navios;
❑ o fato de poucos bens serem passíveis de *leasing* operacional;
❑ as vantagens do *leasing* muitas vezes serem equivalentes às do financiamento no balanço das empresas.

Pré-pagamento de exportação e operações de ACC e ACE

As operações de financiamento pré-embarque ou à produção permitem aos exportadores fazerem frente a suas necessidades de recursos para realizar a produção, ou seja, aos gastos efetuados entre o momento da assinatura do contrato ou do início da produção até o embarque. É uma fonte de capital de giro suprida por instituições financeiras diretamente ao exportador. Uma maneira de se reduzir o ônus desse financiamento é a disponibilização de garantias, muitas vezes utilizando os direitos decorrentes da própria operação de exportação, por meio da cessão dos direitos creditórios dos contratos de exportação ou pelos direitos sobre a divisa estrangeira.

No caso do pré-embarque, os bancos, ao analisar o risco da operação de financiamento, levarão em conta não só a capacidade de pagamento da empresa exportadora – possibilidade de a empresa atrasar pagamentos, falir ou entrar em concordata antes do embarque –, mas também seu risco de cumprir a exportação: se o exportador não conseguir embarcar o bem a ser exportado no prazo ou nas condições contratadas. Também será levado em conta o risco comercial e político do importador: sua capacidade de pagar em moeda nacional tornar-se inviável e ele não ter os recursos, posteriormente para serem transferidos para o exterior.

Nos países com sistemas monetários fragilizados, como as moedas locais geralmente não são conversíveis, os juros internos tendem a ser mais elevados que os praticados nos mercados internacionais. Para evitar que esse custo financeiro mais elevado prejudique a competitividade dos exportadores, os bancos locais normalmente disponibilizam para a rede bancária comercial linhas de crédito denominadas "adiantamento sobre contratos de câmbio" (ACC) e "adiantamento contra cambiais entregues" (ACE), para operações de pré-embarque a taxas internacionais. Ademais, permitem que as instituições financeiras nacionais utilizem recursos captados no exterior a baixo custo devido à garantia de geração de moeda estrangeira decorrente da exportação.

Portanto, o ACC e o ACE são operações em que o exportador vende a um banco comercial a moeda estrangeira que deverá receber no futuro, quando embarcar sua mercadoria. Os bancos brasileiros, por sua vez, para gerar os reais que serão entregues ao exportador, lançam mão de linhas de crédito de curto prazo que possuem no exterior, internalizando, de imediato, divisas que serão repostas com o produto da venda do bem exportado. Como existe garantia de pagamento em moeda estrangeira, os bancos internacionais podem oferecer taxas de juros mais baixas por não estarem correndo o risco de conversibilidade da moeda brasileira.

Proex e BNDES

O Programa de Financiamento às Exportações (Proex) foi instituído em 1991 pelo governo federal para proporcionar às exportações brasileiras de bens e serviços condições de financiamento equivalentes às do mercado internacional, tendo como agente financeiro para operacionalização do programa o Banco do Brasil.

O programa apoia a exportação de bens e de serviços, sendo os bens financiáveis listados no anexo à Portaria MDIC nº 58, de 10 de abril de 2002, além de serviços de instalação, montagem e funcionamento, no exterior, de máquinas e equipamentos de fabricação nacional. Suas condições financeiras podem ser assim resumidas:

- *prazos*: até 10 anos. Os prazos são definidos de acordo com o valor agregado da mercadoria ou a complexidade do serviço prestado;
- *percentual financiável*: limitado a 85% do valor da exportação apenas nos financiamentos com prazos superiores a dois anos. Se o índice de nacionalização do bem for inferior a 60%, implicará redução do percentual financiável;
- *taxa de juros*: as praticadas no mercado internacional;
- *forma de pagamento pelo importador*: em parcelas semestrais, iguais e sucessivas. Nas operações de curto prazo, admite-se pagamento único no final;
- *garantias*: aval, fiança ou carta de crédito de instituição de primeira linha ou seguro de crédito à exportação, tendo como moeda de pagamento o dólar dos EUA ou outra moeda de livre conversibilidade;
- *Proex equalização*: crédito ao exportador ou importador de bens e serviços brasileiros concedido por instituições financeiras no país ou no exterior, no qual o Proex assume parte dos encargos financeiros, tornando-os compatíveis com os praticados no mercado internacional;
- *beneficiários*: são as instituições financeiras de crédito (financiador) que proveem os recursos do financiamento. No Brasil, os bancos múltiplos, comerciais, de investimento, de desenvolvimento e o BNDES Exim; no exterior, estabelecimento de crédito ou financeiro cujo estatuto preveja a possibilidade de conceder crédito sob qualquer forma de mútuo.

Resumo do capítulo

Este capítulo tratou das principais operações estruturadas do mercado internacional mais utilizadas pelas empresas. Discutimos os principais aspectos da securitização de contratos de exportação, operações *back to back*, crédito bancário, *forfaiting*, *factoring*, operações de *leasing*, operações de ACC e ACE, prépagamento de exportação, Proex e BNDES.

O próximo capítulo abordará a gestão dos riscos a que as empresas estão expostas no âmbito internacional.

4

Gestão de riscos

Este capítulo destina-se a apresentar as diversas formas de se realizar operações de *hedge* com o uso dos mercados derivativos no contexto de gestão de riscos. Ilustramos, em uma perspectiva global, as operações a termo, de NDF, a futuro, sobre opções e de *swaps*. Pretende-se que o leitor apreenda as diferenças entre as operações com derivativos e seus impactos nas decisões de *hedge*.

Tipos de riscos

A globalização dos ambientes de negócios tem aumentado a interação entre as economias e elevado a vulnerabilidade da atividade empresarial e de governos. Essa nova realidade fez com que empresas se preocupassem em estruturar áreas voltadas para o gerenciamento de riscos. Nesse contexto, entendemos risco como qualquer fator que possa abalar a integridade de um fluxo de caixa empresarial. As pesquisas acadêmicas têm tratado desse assunto por meio do tema *enterprise risk management* (ERM) (Dickinson, 2001). A teoria do ERM identifica diversos fatores de risco que podem afetar o fluxo de caixa empresarial, entretanto quatro riscos são entendidos como os principais: o risco de crédito, o risco operacional, o risco legal e o risco de mercado.

O risco de crédito está associado à inadimplência daqueles que assumiram dívidas para com a empresa e o risco operacional decorre da falha de processos que causam prejuízos à empresa. Como exemplos de riscos operacionais podemos citar falta de controles para evitar fraudes cometidas por funcionários, ou ainda falhas em equipamentos que pertencem ao processo produtivo. O risco legal deve-se à assinatura de contratos, que podem conter cláusulas que expõem demasiadamente a empresa, como multas por atraso no cumprimento dos contratos. Por fim, o risco de mercado relaciona-se à variação de preços de *commodities* diversas que possam alterar o lucro esperado da empresa.

As preocupações com a gestão dessas exposições dos fluxos de caixas empresariais tornam-se mais acentuadas a partir da segunda metade do século XX, quando a globalização econômica acelera-se e acentua-se.

Os contratos de derivativos surgem para propiciar meios de gerenciarmos uma parte dos riscos abrangidos pela teoria de ERM. Tais contratos podem ser negociados em mercado de balcão (*over the counter* – OTC) e em mercado organizado (bolsas de futuros). Os mercados organizados representam uma evolução do mercado de balcão, um ambiente de negócios onde seus intervenientes sentem mais segurança nas transações realizadas e há melhor qualidade na formação de preços das *commodities* negociadas. As transações com contratos de derivativos têm evoluído no sentido de propiciar meios de gerirmos cada vez mais tipos de riscos da atividade empresarial.

Para ilustrar a abrangência dos fatores de riscos associados aos contratos, podemos citar: risco de mercado ou de preço de *commodities* agropecuárias (soja, milho, algodão, café, boi gordo, queijo e leite), de energia (petróleo, gás natural, eletricidade, carvão e urânio), de metais (ouro, prata, platina, paladium e ferro). Encontramos também *commodities* financeiras, tais como índices de bolsa, taxas de câmbio, taxas de juros, e ainda podemos nos deparar com contratos mais sofisticados, como derivativos de crédito e derivativos climáticos. É comum, nos mercados de derivativos, referir-se a todos os ativos que se constituem em objetos dos contratos como *commodities*. A Chicago Mercantile Exchange (CME) é uma bolsa de futuros bastante ilustrativa dessa realidade e a que mais tem se desenvolvido, vindo a se constituir na CME Group, depois da aquisição de participações em diversas bolsas dos Estados Unidos e estrangeiras. Para mais informações acessar <www.cmegroup.com>.

Mercado de balcão (OTC) versus mercado organizado

A eficiência das economias exige uma organização melhor dos ambientes de negócios, entre os quais podemos citar o de imóveis, o de carros novos e usados, o de energias (elétrica, gás natural e petróleo), o de mercadorias agropecuárias, o de tratores e caminhões, o de valores mobiliários (ações, debêntures, CPRs). Em uma fase inicial os negócios são realizados sem organização e dentro de certa informalidade.

No mundo moderno a busca de uma contraparte para o fechamento de negócios nos leva a dois ambientes de negócios, qualificados como mercados, que têm características diferentes: o mercado de balcão e o mercado organizado.

O mercado de balcão (OTC) é como chamamos ambientes em que, para realizarmos negócios, buscamos balcões. Por exemplo, balcões de bancos, mesas de gerentes de bancos, financeiras, mesas de operações de corretoras e cartórios. Os classificados de jornais ou os sites de negócios na internet são veículos que divulgam as ofertas de negócios em alguns casos; são veículos de informação que propiciam somente a difusão de ofertas, não realizando o fechamento efetivo do negócio. O mercado de balcão, embora já represente certa organização do ambiente de negócios, é um estado de organização ainda precário. Geralmente, são negociados ativos financeiros e/ou mercadorias sem padronização. Por exemplo, quando se pretende negociar um apartamento de dois quartos, não se pode dizer somente essa informação. Vender um apartamento de dois quartos é vender uma "mercadoria" não padronizada. É necessário que se explique mais (onde fica, se há elevador, qual a metragem quadrada). Nesse mercado as contrapartes negociam em âmbito global, e as condições de fechamento dos diversos negócios normalmente não são divulgadas. Sendo assim, é um ambiente de negócios opaco, disperso e sem regras para formação de preço. Não há restrições à prática de qualquer preço. O mercado de balcão é útil, pois contribui para que o agente econômico encontre sua contraparte para realizar o negócio.

O mercado organizado é um ambiente mais sofisticado e que representa uma evolução do mercado de balcão. No entanto, nele só conseguimos negociar ativos e mercadorias que permitam padronização. Exemplos de ativos padronizáveis são: petróleo, álcool anidro, ouro, prata, cobre, algodão, café, soja, milho, títulos privados e públicos (ações, debêntures, notas do Tesouro Nacional), taxas de câmbio, taxas de juros. Nesses mercados os negócios são realizados em centros de transação e, ao final de cada dia, há divulgação das condições em que isso ocorreu. Existem também regras para a realização desses negócios, portanto, diferentemente do mercado de balcão, é um ambiente centrado (concentra toda a oferta e procura em um mesmo lugar), transparente e com regras para a formação de preço em sistema de negociação, bem como para a liquidação das operações.

Os mercados de balcão (OTC) e o mercado organizado coexistem nas diversas economias mundiais, e os países mais desenvolvidos conseguem estruturar um número maior de mercados, apesar de o balcão ainda ser o principal ambiente de negócios, mesmo em economias desenvolvidas, se considerarmos ativos e mercadorias padronizáveis e não padronizáveis. Os mercados organizados permitem melhor formação de preços dos ativos e *commodities* em geral e, sendo assim, sinalizam melhor os preços, ou valores correntes, para os agentes econômicos. Uma melhor sinalização de preço permite aos agentes econômicos tomar decisões em seus negócios com menor assimetria informacional.

Mercado organizado: estrutura e organização

Inicialmente, os mercados de balcão se constituíram em ambientes vocacionados a facilitar o fechamento de negócios, viabilizando o encontro dos agentes econômicos, compradores ou vendedores de ativos, com suas respectivas contrapartes. Foram as primeiras estruturas de apoio à realização de negócios.

Representando uma evolução do mercado de balcão, os mercados organizados vêm atender às demandas de um ambiente de negócios que não se restringe a encontrar uma contraparte para a negociação, pois pretendem também atender às seguintes demandas:

a) *promover equidade na difusão de toda e qualquer informação que possa afetar a formação dos preços dos ativos negociados no mercado* – toda a informação concernente aos ativos negociados no mercado deve ser disponibilizada com rapidez e sem nenhum lapso de tempo para todos os intervenientes nesse mercado, garantindo equidade no acesso a ela. Isso significa que existem normas previamente estabelecidas para a divulgação de informações e estruturas que suportem a difusão dessas informações. Os *vendors* (Bloomberg, Reuters e Broadcast) são formais vendedores de informação, empresas especializadas na obtenção e difusão de informações para o mercado;

b) *manter sistemas de negociação que cuidem da formação de preços* – os centros de transação (CT), atualmente virtuais, são sistemas de negociação nas suas vertentes regulamentar e operacional, em que se trata de aspectos como: regras para leilões, sistema de negociação mais adequado ao nível de liquidez do ativo, máxima variação diária de preços permitida, critérios para ajustes de preços e formas de apresentação das ofertas. Essa estrutura visa a dar continuidade à formação dos preços e reduzir a volatilidade desses preços ao longo do tempo;

c) *manter sistemas de liquidação das operações e de guarda de ativos ou mercadorias* – as câmaras de liquidação e custódia (CLC) prestam o serviço de guarda e de liquidação física e financeira dos títulos ou mercadorias. Estando algum título ou mercadoria depositado em custódia previamente à sua negociação, há maior segurança para a liquidação das operações. As operações realizadas em mercados organizados à vista têm seus prazos de liquidação física e financeira previamente estabelecidos. Cada combinação de ativo ou mercadoria e mercado estruturado pode ter prazos distintos de liquidação física e financeira. Essa informação é muito importante ao começarmos a lidar com qualquer mercado. Todas as operações realizadas nos mercados organizados têm suas liquidações físicas e financeiras garantidas pela CLC.

d) *manter sistema de garantias das posições a prazo (derivativos) abertas em mercado* – os agentes econômicos, ao assumir posições nos mercados de derivativos, se expõem a riscos, e, justamente por isso, podem vir a sofrer grandes prejuízos decorrentes da assunção dessas posições. Tais perdas podem induzir esse investidor a não honrar os compromissos assumidos junto ao mercado. Os mercados organizados mantêm sistemas de gestão de garantias destinados a cobrir perdas ocorridas e perdas potenciais. Tais sistemas são geridos pela Câmara de Compensação ou Clearing House.

Sendo assim, conforme ilustrado na figura 4, um mercado organizado tem em sua estrutura três instituições: Centro de Transação, Câmara de Liquidação e Custódia e Clearing House. O Centro de Transação, munido de um sistema de negociação, contribui sinalizando valor dos ativos aos agentes econômicos com fidedignidade. A Câmara de Liquidação e Custódia e a Clearing House geram maior segurança na realização dos negócios, principalmente intrapaíses, pela redução dos riscos do negócio (de crédito, inadimplência) (Futures Industry Association, 1995).

Figura 4
MERCADO ORGANIZADO: ESTRUTURA E ORGANIZAÇÃO

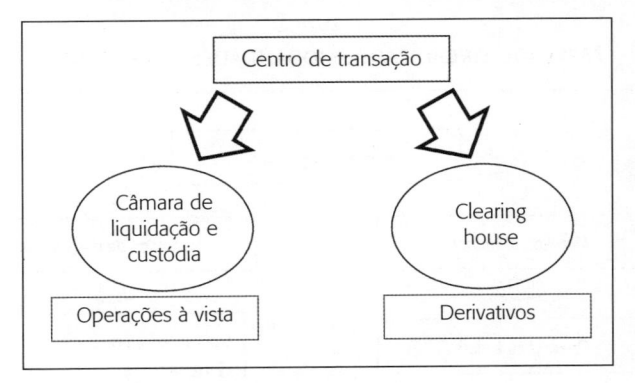

Mercado organizado: operações

Se a negociação de determinado ativo somente existir em mercado à vista, podemos relacionar somente duas estratégias: a de compra e a de venda coberta. A de compra é destinada a aposta em uma direção ascendente do preço do ativo. A de venda coberta é aquela em que, no momento da concretização do negócio, o vendedor possui o ativo que está vendendo. Sendo assim, no âmbito das operações à vista só conseguimos realizar estratégias de tendência, ou seja, estratégias em que o investidor tenha por objetivo especular com suas expectativas de alta ou de baixa dos preços do ativo no mercado.

A evolução do mercado organizado trouxe a presença das operações a prazo, muito utilizadas no ambiente de negócios global e que podem viabilizar uma quantidade maior de estratégias para empresas financeiras e não financeiras, conforme ilustrado na figura 5. No âmbito das operações realizadas em mercados organizados temos, portanto, operações à vista, realizadas na parte principal do mercado, e as operações a prazo, que derivam das operações realizadas no mercado principal e, sendo assim, são chamadas de derivativos. Operações com derivativos são operações a prazo, que não são liquidadas física e financeiramente de forma imediata.

Figura 5
MERCADO ORGANIZADO: MODALIDADES OPERACIONAIS

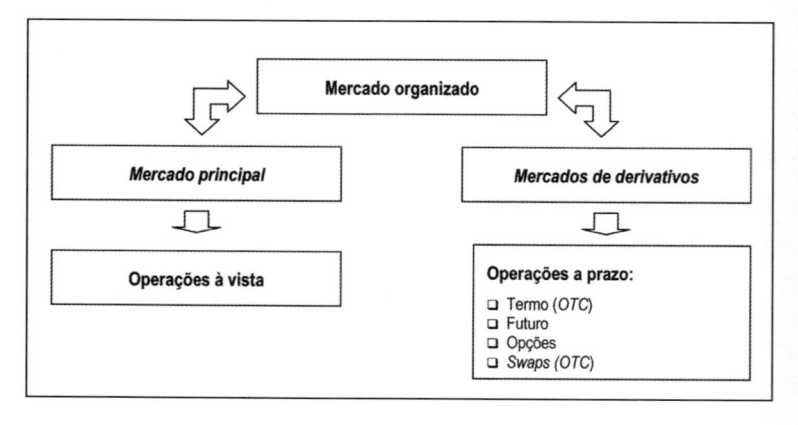

```
                    Mercado organizado
                   ↙              ↘
         Mercado principal      Mercados de derivativos
               ↓                         ↓
         Operações à vista        Operações a prazo:
                                   ❏ Termo (OTC)
                                   ❏ Futuro
                                   ❏ Opções
                                   ❏ Swaps (OTC)
```

A figura 5 mostra que um mercado organizado é composto pelo mercado principal (operações à vista) e por mercados de derivativos (operações a prazo). Os mercados de derivativos contêm quatro modalidades operacionais básicas: operações a termo, a futuro, sobre opções e *swaps*. Nos mercados organizados realizam-se, por meio de seus sistemas de negociação, operações a futuro e sobre opções; entretanto nesses mercados são aceitos registros de operações que foram realizadas em mercado de balcão (operações a termo e *swaps*) (Marins, 2009).

Mercado organizado: estratégias

A criação de um mercado estruturado aumenta em muito o número de estratégias que podem ser utilizadas pelos agentes econômicos. Enquanto no mercado principal só existem duas estratégias aplicáveis, num mercado estruturado, composto pelo mercado principal e seus derivativos, aplicam-se várias estratégias como explicitado no quadro 6.

Cabe ressaltar que ao complementarmos o mercado principal com os mercados derivativos, além de acrescentarmos diversos tipos de novas estratégias aplicáveis, agregamos ainda diversas formas de execução de um mesmo tipo de estratégia por meio de cada uma das modalidades de operações com derivativos: termo, futuros, opções e *swaps*.

Quadro 6
ESTRATÉGIAS APLICÁVEIS NO MERCADO PRINCIPAL E SEUS DERIVATIVOS

Estratégia	Atende a	Objetivos principais
De tendência	Especuladores	Resultados oriundos de direcionamento dos preços. Alavancagem.
De renda fixa	Financiadores Tomadores	Cessão e captação de recursos a taxa fixa.

Continua

Estratégia	Atende a	Objetivos principais
De *hedge*	Hedgers	Proteção contra a variação de preços.
De arbitragem	Arbitradores	Resultados oriundos de distorções na formação dos preços nos diversos mercados.
De volatilidade	Especuladores Arbitradores	Resultados oriundos de variação dos preços. Resultados oriundos da alteração do nível de volatilidade dos mercados.

Todas as modalidades de operações com derivativos envolvem alguns conceitos básicos. O primeiro decorre do fato de que ao realizarmos uma operação com derivativos não adquirimos fisicamente nada; adquirimos um contrato que envolve direito e obrigação. O objetivo do uso das operações com derivativos é estratégico e comporta as estratégias listadas no quadro 6. Sendo assim, surge o conceito de posição assumida em determinado contrato com algum objetivo estratégico.

Posição aberta em mercado é a que obtemos depois de realizarmos uma transação com derivativos. Essa posição aberta em mercado pode ser compradora, vendedora a descoberto ou vendedora coberta (quando no momento da venda se entrega à Clearing House o ativo objeto do contrato) e envolve um direito e uma obrigação. Por exemplo, um comprador a futuro tem a obrigação de pagar um fluxo de recursos e o direito de receber o ativo objeto do contrato a futuro. A Câmara de Liquidação e Custódia é a Clearing House do contrato a futuro. A definição exata do que implica abrir uma posição em determinado contrato, associado a um ativo financeiro ou mercadoria (*commodity*), encontra-se em um documento disponibilizado pelas bolsas de futuros, denominado "especificação de contrato" (*contract specifications*). Destarte, a negociação de derivativos exige o entendimento do padrão do contrato – a especificação de contrato – associado a uma *commodity*, que define as obrigações e direitos associados à posição aberta em mercado (compradora ou vendedora) que têm utilidade estratégica para o agente econômico.

As posições abertas em mercado estão vinculadas a um vencimento (data preestabelecida pela Bolsa de Futuros) a partir do qual direitos e obrigações expiram. As posições estão obrigatoriamente vinculadas a um único vencimento. Podemos designar uma posição em derivativos da seguinte forma: um agente econômico, exportador de soja, abriu uma posição em 15 de julho de 20X1 (compradora, vendedora coberta ou vendedora a descoberto), a futuro, sobre a *commodity* soja, para o vencimento de março de 20X2 na Chicago Board of Trade.

Para obter mais informações, sugerimos acessar <www.cmegroup.com>. A Chicago Mercantile Exchange (CME) tem adquirido participações em diversas bolsas de futuros no mundo. Assim constituiu-se o CME Group, cujo site nos permite visualizar diversas bolsas de futuros, diversos tipos de *commodities* negociadas a futuro e sobre opções, além das respectivas especificações de contratos.

Mercados de derivativos: modalidades de operações

No contexto global, as operações a futuro e sobre opções são características dos mercados organizados conhecidos como bolsas de futuros por terem um padrão bem definido e obrigatoriamente respeitado (especificação de contrato). As operações a termo e de *swaps* tendem a ser negociadas em mercado de balcão por terem um padrão flexível, o que permite a realização de transações "sob medida", feitas considerando a exata necessidade dos participantes, ou seja, não há especificação de contrato; cada contrato pode ter uma definição diferente da dos demais contratos já negociados.

Nas próximas seções apresentaremos as especificidades de cada modalidade operacional com derivativos e exemplos de estratégias.

No âmbito das bolsas de futuros a operação com derivativos mais difundida é a modalidade a futuro. Apresentamos a seguir, de forma sucinta, as especificidades de negociarmos a futuro em uma bolsa de futuros.

Negociação a futuro

As operações a futuro em bolsas de valores caracterizam-se, em sua quase totalidade, por não envolverem liquidações físicas dos contratos negociados. Os agentes econômicos procuram essa operação preponderantemente com o objetivo de *hedge* (proteção de fluxos de caixa). As posições em mercado são intercambiáveis, ou seja, uma posição assumida em mercado pode ser revertida por operação inversa a qualquer momento antes do vencimento do contrato. Se negociarmos uma posição compradora em 100 contratos de café para o vencimento abril de 20X3 e, em data posterior, vendermos 100 contratos de café para o vencimento abril de 20X3, passamos a não possuir nenhuma posição no mercado a futuro. Esta possibilidade de entrar e sair do mercado a qualquer momento é característica das operações a futuro e sobre opções em bolsas de futuros e chama-se intercambialidade.

Os contratos a futuro são negociados referenciados em datas de vencimento que são estabelecidas pelas bolsas de futuros. Os critérios que as bolsas utilizam para estabelecer essas datas constam da especificação dos contratos (*contract specifications*).

A seguir apresentamos um exemplo de operação no mercado a futuro.

Um produtor de café não deseja correr o risco de preço (flutuação do preço) da saca de café no mercado internacional. Sendo assim, antes do início do plantio do café negocia um contrato a futuro para o vencimento "V" ao preço de US$ 115,00 a saca. Como o produtor deve utilizar a transação com derivativos para garantir o preço de US$ 115,00 a saca, independentemente do preço no mercado à vista na data de vencimento do contrato a futuro? Para simplificar o exemplo supomos que entre a abertura da posição em mercado e o vencimento existam somente cinco dias, o suficiente para entendermos o início, meio e fim da estratégia de *hedge* do produtor de café. Nesses cinco dias, a evolução do preço do café no mercado à vista (VST) e no mercado a futuro (FTR), consta das duas primeiras linhas da tabela 1.

Tabela 1
FLUXOS FINANCEIROS DA OPERAÇÃO A FUTURO

Negócio fechado ao preço de US$ 115,00					
	D	D + 1	D + 2	D + 3	V
VST	100	105	110	115	120
FTR	114	118	116	119	120
Comprador	−1	4	−2	3	1
Garantia	−9				9
Vendedor	1	−4	2	−3	−1
Garantia	−9				9
Somatório dos ajustes:	5 positivo ou negativo				

No primeiro dia, o dia D, o produtor de café assume uma posição vendedora a descoberto a futuro ao preço de US$ 115,00. Significa que o preço de US$ 115,00 satisfaz as condições de retorno do investimento do produtor. Ao abrir a posição vendedora é obrigado a depositar uma margem de garantia, exigida pela Clearing House, no valor de US$ 9,00, que lhe será devolvida quando da liquidação da posição a futuro. Observe que ao fechar o negócio na Bolsa de Futuros, por meio de um corretor da bolsa, o produtor de café não conhece sua contraparte, mas sente-se seguro, uma vez que a Clearing House garante a liquidação da posição aberta em mercado.

A posição aberta no mercado a futuro de café exige fluxos de recursos diários, positivos ou negativos, chamados de ajustes diários de posição. Os ajustes diários de posição são calculados com base no preço de ajuste, um preço informado pela Bolsa de Futuros ao final de cada dia de negociação e que considera as condições de preço da *commodity* no mercado a futuro no final de cada dia. No dia D, na tabela 1, esse preço foi de US$ 114,00. Significa que a saca do café para entrega no vencimento V estava cotada a US$ 114,00 ao final do dia D. Dessa forma, o produtor de café que vendeu a saca de café por US$ 115,00 vendeu bem, pois o preço caiu e, portanto, faz jus a um ganho de US$ 1,00 que recebe ao final do dia em sua conta-corrente. Atente que o comprador a futuro perde, pois está na situação inversa e, portanto, paga US$ 1,00. Os valores de ajustes diários pagos ou recebidos pelo produtor de café no mercado a futuro são apresentados na tabela 2.

Tabela 2
AJUSTE DIÁRIO DA OPERAÇÃO A FUTURO

Dia	Preço de ajuste	Cálculo	Valor do ajuste
D	114	115 – 114	1
D + 1	118	114 – 118	–4
D + 2	116	118 – 116	2
D + 3	119	116 – 119	–3
V	120	119 – 120	–1
Somatório dos ajustes diários:			–5

Esses pagamentos são chamados de ajustes de posição e são movimentados ao final de cada dia. Depois de ocorrida a movimentação dos ajustes, todos os negociadores no mercado a futuro ficam comprados ou vendidos ao último preço de ajuste.

Dessa forma, qual será então a situação do produtor de café no vencimento do contrato a futuro e em sua colheita do café? No mercado a futuro o produtor de café teve como resultado um desembolso líquido de US$ 5,00 por saca de café e recebeu de volta a garantia depositada no valor de US$ 9,00 por saca de café. No entanto, procede à venda da saca colhida de café no mercado à vista ao preço de US$ 120,00. Ao totalizar as transações com a saca de café feitas no mercado a futuro (pagamento de ajustes que totalizaram US$ 5,00) e recebimento de recursos no mercado à vista de US$ 120,00, obteve um saldo de US$ 115,00, valor que foi contratado em D no mercado a futuro.

É importante notar que na quase totalidade das especificações de contratos a futuro não há possibilidade de entrega física da *commodity* – ativo objeto do contrato. Sendo assim, a compreensão da estratégia de *hedge* realizada por meio das operações a futuro exige a conjugação do preço à vista no vencimento com o somatório dos ajustes de posição (positivo ou negativo) obtido no mercado a futuro. A operação a futuro em si não garante o abastecimento, porém assegura o preço, ou seja, o comprador não garante via mercado a futuro seu abastecimento (liquidação física), pois a operação a futuro não garante o abastecimento, mas assegura o preço de aquisição.

Outro aspecto importante é perceber que o preço a futuro de um ativo converge para o preço à vista (P_{VST}) do ativo objeto do contrato a futuro conforme se aproxima o vencimento desse contrato. O apreçamento a futuro (P_{FUT}) é feito considerando-se o custo de oportunidade em que incorre o vendedor a futuro

[$(1 + i)^n$] e a expectativa a cada momento t, do preço à vista na data de vencimento do contrato a futuro (ε). Portanto, $P_{FUT} = P_{VST} \times (1 + i)^n + \varepsilon$. No vencimento, $n = 0$ e o preço a futuro tende ao preço à vista. Na tabela 1 podemos verificar esse processo de convergência do preço a futuro para o preço à vista, o que ocorre em todos os negócios a futuro. O preço a futuro praticado em mercado a cada momento contém a expectativa do preço à vista no vencimento do contrato a futuro; portanto, é natural que ocorra uma convergência entre esses preços quando a data de vencimento do contrato a futuro se aproxima. No vencimento, o preço a futuro se iguala ao preço à vista.

Transações com derivativos no mercado de balcão caracterizam-se pela ausência da Clearing House e, portanto, se conhece a contraparte na negociação, corre-se o risco da contraparte. Não há garantia da Clearing House, razão pela qual há maior risco de crédito.

Para ilustrarmos esse ponto apresentaremos alguns exemplos de estratégias de *hedge* no mercado a futuro.

Exemplo 1: Hedge a futuro de soja – Um exportador de soja deseja garantir o preço de venda da saca de soja que ainda vai plantar para reduzir o risco de seu negócio. Pretende começar o plantio em março de ano 20X1 e realizar a colheita em setembro de 20X1. No mercado à vista, a saca de soja em março de 20X1 está cotada a US$ 25,00. O preço da saca de soja no mercado a futuro para o vencimento setembro situa-se em US$ 26,00. Ao apreciar seus custos de produção e margem de lucro ao preço de US$ 26,00, verifica ser o preço suficiente para remunerar adequadamente a produção e os capitais envolvidos. Sendo assim, resolve abrir uma posição vendedora de soja a futuro para setembro de 20X1 (posição de *hedge*) em quantidade compatível com suas expectativas de colheita ao preço de US$ 26,00.

Tabela 3
RESULTADO DA OPERAÇÃO DE *HEDGE* A FUTURO DE SOJA

Posição de *hedge*: venda de contratos a futuro para setembro de 20X1 ao preço de US$ 26,00.

Preço à vista (setembro)	Preço a futuro (venct$^\text{o}$ setembro)	Venda à vista (setembro)	Somatório ajustes	Preço final do produtor
30	30	30	-4	26
28	28	28	-2	26
26	26	26	0	26
24	24	24	2	26
22	22	22	4	26
20	20	20	6	26
18	18	18	8	26

Nota: observe que pelo processo de convergência o preço a futuro se iguala ao preço à vista na data de vencimento do contrato a futuro.

A tabela 3 apresenta algumas possibilidades de resultado do produtor de soja ao considerarmos diferentes preços da saca de soja no mercado à vista em setembro de 20X1. A posição de *hedge* foi aberta, com devida prestação de garantias à Clearing House associada à Bolsa de Chicago com vocação para produtos agrícolas (Chicago Board of Trade).

Com a posição de *hedge* o produtor sabe quanto receberá no futuro (setembro) por saca de soja produzida, independentemente do preço corrente da saca de soja em setembro.

Se supusermos uma situação de colheita de 100.000 sacas de soja e o preço da saca de soja à vista de US$ 24,00 em setembro de 20X1, os fluxos financeiros do produtor e exportador de soja são:

Venda de soja à vista em setembro de 20X1: 100 000 × US$ 24,00 =	US$ 2.400.000,00
Soma dos ajustes em setembro de 20X1: 100 000 × US$ 2,00 =	US$ 200 000,00
Total recebido em dólares pelo exportador em setembro de 20X1 =	US$ 2.600 000,00

O valor de US$ 2,6 milhões representa, como contratado no mercado a futuro em março de 20X1, o preço de US$ 26,00 por saca de soja.

Observe que se o preço da saca de soja no mercado à vista fosse de US$ 28,00 em setembro de 20X1, os fluxos de caixa do exportador seriam:

Venda de soja à vista em setembro de 20X1: 100 000 × US$ 28,00 =	US$ 2.800.000,00
Soma dos ajustes em setembro de 20X1: 100 000 × US$ –2,00 =	US$ –200 000,00
Total recebido em dólares pelo exportador em setembro de 20X1 =	US$ 2.600 000,00

Se o preço da saca de soja tivesse se elevado entre março e setembro para US$ 28,00, ainda assim o resultado composto da operação a futuro e à vista resultaria em um fluxo de caixa de US$ 2,6 milhões. Destarte, em qualquer hipótese de preço à vista da saca de soja em setembro de 20X1, a posição de *hedge* a futuro garante um resultado financeiro para o produtor de soja.

Contudo, um produtor e exportador de soja brasileiro garante o preço da soja em dólares, uma vez que realiza o *hedge* por meio de uma posição aberta na Bolsa de Chicago. Como fica a previsibilidade em março de 20X1 do preço da saca de soja em setembro de 20X1 em reais? Há risco cambial?

Exemplo 2: Hedge cambial a futuro – Dando sequência ao problema anterior, o exportador de soja, também no mês de março de 20X1, além de garantir o preço da saca de soja em US$ 26,00, realiza ainda um *hedge* cambial. Este *hedge* é necessário, uma vez que uma queda da taxa de câmbio reduz o fluxo financeiro em reais do exportador. A taxa de câmbio *spot* (à vista) em março de 20X1 situa-se em R$ 2,00/US$, e a taxa de câmbio negociada a futuro para setembro de 20X1 em R$ 2,05/US$. Neste contexto de preços o exportador de soja realiza venda de contrato a futuro de dólar comercial na BMF (Bolsa de Mercadorias & Futuros) para setembro de 20X1 a R$ 2,05/US$. O volume financeiro em dólares a ser coberto pela operação de *hedge* cambial é de US$ 2,6 milhões (garantido pelo *hedge* da soja em Chicago, como visto no exemplo 1). Como a especificação do contrato de dólar comercial a futuro da BMF estabelece um valor por contrato de US$ 50 mil, é necessário vender 52 contratos para cobrir a exposição cambial (US$ 2.600.000,00 / US$ 50.000,00 = 52 contratos).

Em resumo, se o exportador de soja pretendesse garantir, em março de 20X1, o fluxo financeiro em reais para setembro de 20X1, além da posição de *hedge* aberta em Chicago no mercado a futuro de soja, deveria ter aberto uma posição de *hedge* cambial na BMF no mercado futuro de dólar comercial. Desse modo, a posição de *hedge* cambial aberta em março de 20X1 é: venda de 52 contratos de dólar comercial a futuro para o vencimento setembro de 20X1 a R$ 2,05/US$.

A tabela 4 mostra os resultados obtidos pelo exportador, supondo diversos níveis de taxas de câmbio no mercado à vista em setembro de 20X1.

Tabela 4
RESULTADO DA OPERAÇÃO DE *HEDGE* A FUTURO DE DÓLAR COMERCIAL

Posição de *hedge*: venda de 52 contratos de dólar comercial a futuro para o vencimento setembro de 20X1 a R$ 2,05/US$				
Preço à vista (setembro)	Preço a futuro (vencto setembro)	Venda à vista (setembro)	Somatório ajustes	Preço final do produtor
2,20	2,20	2,20	–0,15	2,05
2,15	2,15	2,15	–0,10	2,05
2,10	2,10	2,10	–0,05	2,05
2,05	2,05	2,05	0,00	2,05

Continua

Posição de *hedge*: venda de 52 contratos de dólar comercial a futuro para o vencimento setembro de 20X1 a R$ 2,05/US$				
Preço à vista (setembro)	Preço a futuro (venctº setembro)	Venda à vista (setembro)	Somatório ajustes	Preço final do produtor
2,00	2,00	2,00	0,05	2,05
1,95	1,95	1,95	0,10	2,05
1,90	1,90	1,90	0,15	2,05

Nota: o somatório dos ajustes refere-se ao valor pago ou recebido por dólar negociado. O valor total da posição de *hedge* é de US$ 2,6 milhões ou 52 contratos vezes US$ 50 mil (valor de cada contrato).

Considerando-se os exemplos 1 e 2 e as operações de *hedge* de preço da soja e de *hedge* cambial, concluímos que o fluxo financeiro garantido pelo produtor e exportador de soja em setembro de 20X1 é de US$ 2.600.000,00 × R$ 2,05/US$ = R$ 5.330.000,00 (Mendonça, 2011).

Negociação a termo

A ordem cronológica de surgimento das modalidades operacionais com derivativos foi termo e *swaps* e, em seguida, futuros e opções. As estruturas de mercado iniciais – ou seja, o mercado de balcão – foram suficientes para suportar as operações a termo e de *swaps*. Tais operações são até os dias atuais características de mercado de balcão. Com a evolução das estruturas subjacentes aos mercados – os mercados organizados – foi possível implementar as operações a futuro e sobre opções, que dependem de um ambiente mais sofisticado.

O quadro 7 apresenta as diferenças entre as operações a termo e a futuro sob diversos aspectos:

Quadro 7
COMPARAÇÃO ENTRE TERMO (*forward*) E FUTUROS (*futures*)

Característica	Futuros	Termo
Negociação	Bolsa de Futuros	Balcão (predominantemente)
Vencimento	Fixados pelas bolsas	A combinar com a contraparte
Liquidação física	Opcional (ver especificação contrato)	Obrigatória e integral
Liquidação financeira	Por diferença (somatório ajustes diários)	Obrigatória e integral
Intercambialidade	Há	Não há
Contraparte	Desconhecida	Conhecida
Risco de crédito	Clearing House	Contraparte
Apreçamento	$P_{FUT} = P_{VST} \times (1+i)^n + \varepsilon$	$P_{TRM} = P_{VST} \times (1+i)^n + \varepsilon$
Garantias	Fixadas pela Clearing House	A combinar entre as partes

As operações a futuro, apreciadas na seção anterior, representam uma evolução das operações a termo. Uma diferença marcante entre as operações a futuro e a termo é que a operação a termo não tem data de vencimento preestabelecida, o que permite que as partes negociem diretamente entre si a data de vencimento em mercado de balcão. O apreçamento das operações a termo (P_{TRM}) segue o mesmo raciocínio das operações a futuro, ou seja, $P_{TRM} = P_{VST} \times (1+i)^n + \varepsilon$.

As operações a termo, chamadas em inglês de *forward*, surgiram em um momento no qual o mercado organizado continha somente operações à vista. Na época, o que se pretendia era permitir que se realizasse uma operação à vista com prazos de liquidação física e financeira dilatados. Assim, podemos entender a operação a termo como uma operação à vista com prazo dilatado. Por essa razão as liquidações física e financeira são obrigatórias e feitas de forma integral, como acontece no mercado à vista. A ausência de intercambialidade também está em conformidade com o que acontece no mercado à vista.

No que tange à estratégia de *hedge*, enquanto as operações a futuro garantem o preço da *commodity*, as operações a termo garantem o preço e o abastecimento, uma vez que a liquidação física é obrigatória e integral. O *hedge* a termo é muito comum entre processadores e produtores das *commodities*. É uma solução interessante para ambos, pois o produtor garante o preço e a venda (entrega da *commodity*) e o processador, o preço e a compra (recebimento da *commodity*). Sendo assim, o *forward* é uma operação mais rígida, pois não permite transferência da posição assumida durante o prazo do contrato, o que faz com que seja uma modalidade inadequada para especulação, tendo um perfil mais adequado para *hedge*. Os *futures* são operações mais sofisticadas, pois possuem intercambialidade (o que permite a atuação de especuladores), maior liquidez e mais segurança, uma vez que o baixo risco da Clearing House é oferecido aos participantes.

Exemplo 3: Hedge a termo de soja – Se fosse realizado por meio das operações a termo, o *hedge* do produtor de soja realizado no exemplo 1 seria uma operação em mercado de balcão entre o produtor e o processador da soja, com as seguintes características:

Posição de *hedge*: venda de contratos a termo para setembro/20X1 ao preço de US$ 26,00.

A diferença marcante entre o *hedge* a termo e o *hedge* a futuro é que, na liquidação da operação a futuro, para satisfazer a necessidade de abastecimento do processador, é necessário que se faça uma operação à vista, que não ocorre entre aqueles que transacionaram a futuro, até pela razão de não se conhecerem.

Na realidade o *hedge* a futuro depende da combinação com a operação à vista. No tocante à operação a termo, as partes se conhecem e no vencimento da operação ocorre a entrega da mercadoria, o que torna desnecessária a combinação da operação a termo com a operação à vista.

A operação a termo é um contrato particular celebrado e liquidado entre as partes, que se conhecem. Não tem liquidez e é mais complicada de ser fechada, pois é necessário se encontrar a contraparte com a demanda contrária de *hedge* ou um especulador.

Portanto, o *hedge* a termo do exemplo 3 se conclui pela própria liquidação da operação a termo, na qual o produtor entrega a soja e recebe os US$ 26,00 por saca em setembro de 20X1 e sua contraparte (o processador) recebe a soja e paga os US$ 26,00 por saca. O preço contratado na operação a termo é liquidado independentemente do preço praticado no mercado à vista na data do vencimento do contrato a termo.

Todo *hedge* a termo ocorre da mesma forma, respeitando a mecânica operacional descrita nesta seção. Destarte, o *hedge* cambial, geralmente praticado entre bancos, importadores e exportadores obedece aos mesmos procedimentos de um *hedge* de soja. O *hedge* cambial a termo, realizado em mercado de balcão entre bancos e *hedgers*, formaliza as posições apresentadas no quadro 8.

Quadro 8
POSIÇÕES DE *HEDGE* CAMBIAL

	Banco	Importador
Hedge importação	Vende dólar a termo	Compra dólar a termo
	Banco	Exportador
Hedge exportação	Compra dólar a termo	Vende dólar a termo

Non deliverable forward (NDF)

É muito frequente a demanda de *hedge* cambial nos bancos comerciais, principalmente por pequenas e médias empresas que não têm estruturas internas de gestão de risco em razão do alto custo que representam. Se o volume e a frequência de *hedge* da empresa não são elevados, torna-se mais racional a contratação esporádica do *hedge* no banco comercial, mesmo sendo mais caro.

A posição em dólar dos bancos para atender à demanda por *hedge* cambial teria de ser muito alta caso fosse realizado a termo, dado que há obrigatoriedade de entrega da moeda. Para facilitarmos e baratearmos a operação de *hedge* cambial cria-se o "termo sem entrega", *non deliverable forward*. O *hedge* com NDF exige que os bancos comerciais carreguem posições menores em dólares.

Na realidade essa operação, um hibridismo das operações a termo e a futuro, é um contrato negociado exclusivamente em mercado de balcão. O quadro 9 apresenta as características operacionais do NDF.

Quadro 9
COMPARAÇÃO ENTRE TERMO (*FORWARD*) E NDF

Característica	Termo	NDF
Negociação	Balcão (predominantemente)	Somente em balcão
Vencimento	A combinar com a contraparte	A combinar com a contraparte
Liquidação física	Obrigatória e integral	Não há
Liquidação financeira	Obrigatória e integral	Por diferença (ajuste único)
Intercambialidade	Não há	Não há
Contraparte	Conhecida	Conhecida
Risco de crédito	Contraparte	Contraparte
Apreçamento	$P_{TRM} = P_{VST} \times (1+i)^n + \varepsilon$	$P_{NDF} = P_{VST} \times (1+i)^n + \varepsilon$
Garantias	A combinar entre as partes	A combinar entre as partes

O *hedge* com NDF, por não haver entrega física prevista no contrato, requer, como na operação a futuro, uma combinação com a operação à vista no vencimento do contrato.

Exemplo 4: *Hedge* de soja com NDF – Caso o *hedge* do produtor de soja (exemplos 1 e 3) tivesse sido feito por meio de NDF, o preço à vista da *commodity* na data do vencimento definiria o valor de liquidação do NDF. Neste caso teria sido realizado um contrato com NDF entre produtor e processador, em mercado de balcão, com valor de referência de US$ 26,00 para determinada quantidade de sacas. Os resultados da operação de *hedge* com NDF, considerando diversos níveis de preço à vista no vencimento, constam da tabela 5.

Tabela 5
RESULTADO DA OPERAÇÃO DE NDF DE SOJA

Posição de *hedge*: venda de NDF para setembro de 20X1 ao preço de US$ 26,00				
Preço à vista no venctº do NDF	Preço contratado NDF	Ajuste único no venctº do NDF	Venda á vista no venctº do NDF	Preço final do produtor
30	26	–4	30	26
28	26	–2	28	26
26	26	0	26	26
24	26	2	24	26
22	26	4	22	26
20	26	6	20	26
18	26	8	18	26

Nota: observe que o preço final do produtor depende da soma do valor da venda à vista com o ajuste único no vencimento do NDF.

Swaps

A tradução do termo *swap* para o português é "troca". O *swap* é uma operação de troca de indexadores que incidem sobre o fluxo de caixa empresarial. É utilizado exclusivamente para estratégias de *hedge* e está sempre vinculado a outra operação financeira. Os indexadores mais comuns utilizados em uma operação de *swap* são CDI (certificado de depósito interbancário), Libor (*London interbank offered rate*), taxa prefixada e variação cambial (VC) + cupom cambial. Ressaltamos que o que chamamos de cupom cambial é a taxa de juros que incide sobre um título, ou sobre um fluxo de caixa qualquer, denominado em moeda que não a do emitente do título. Por exemplo, a taxa de juros incidente sobre um título da dívida externa brasileira denominado em dólar é o cupom cambial brasileiro. O título tem o Brasil como emitente, mas tem como moeda de referência o dólar.

Uma empresa exportadora tem ativos em dólares provenientes das exportações realizadas, mas pode ter se financiado em CDI no Brasil; portanto, tem ativo indexado ao dólar e passivo em CDI. Tal situação reflete um descasamento dos fluxos de caixa. A situação de balanço da empresa configura-se da seguinte forma:

Ativo	Passivo
US$ + 3% a.a.	CDI

A empresa possui dólares oriundos das exportações aplicados no exterior a 3% a.a., entretanto tem empréstimo realizado no Brasil indexado a 100% do CDI. Fica, dessa forma, configurado o descasamento de fluxos de caixa, e o comportamento futuro da taxa de câmbio e da taxa do CDI podem causar impactos positivos e negativos no resultado da atividade empresarial. A empresa não deseja que o comportamento de variáveis macroeconômicas cause impacto em seus resultados e decide realizar um *swap* para neutralizar o descasamento. A exposição aos riscos de taxa de juros e taxa de câmbio tem o seguinte perfil:

Taxa de juros   Taxa de câmbio

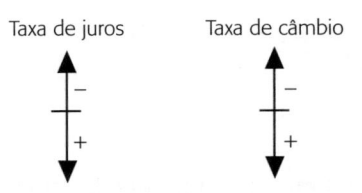

Um aumento da taxa de juros e/ou uma apreciação da taxa de câmbio geram um efeito negativo no resultado da empresa, enquanto a redução destas causa um efeito positivo.

O *swap* trocará o indexador do ativo para CDI, eliminando o descasamento entre ativo e passivo.

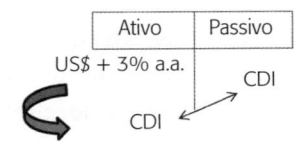

	Ativo	Passivo
	US$ + 3% a.a.	CDI
	CDI	

A definição de uma operação de *swap* envolve quatro informações: prazo da operação, quantia-base, taxa ativa e taxa passiva. Um *swap* é sempre descrito na forma taxa ativa × taxa passiva. A taxa ativa informa o indexador dos fluxos de caixa a receber, e a taxa passiva, o indexador dos fluxos de caixa a pagar.

Exemplo 5: Hedge cambial com *swap* – No caso da situação descrita acima o exportador negocia um *swap* com as características seguintes:

Prazo: 180 dias ou 126 dias úteis; quantia-base: R$ 10.000.000,00
CDI × VC + 3% a.a.

Se supusermos que, decorridos os 180 dias, a taxa de câmbio – que no registro da operação se situava em R$ 2,00/US$ – passou a R$ 2,08/US$ no vencimento do *swap*, causando uma variação cambial de 4% no período, e que o CDI acumulado no período representava uma taxa de juros de 8% a.a., o resultado do *swap* foi:

Ponta ativa: 10.000.000,00 × (1 + 0,08)$^{126/252}$ =   R$ 10 392 305,37
Ponta Passiva: 10.000.000,00 × (1 + 0,04) × (1 + (0,03 × 180 / 360)) = R$ 10.556.000,00
Ajuste final =   R$ −163.394,63

Observe que o cupom cambial é calculado em juros simples e em dias corridos, enquanto o CDI é calculado em juros compostos e em dias úteis. O *swap* é liquidado por um único ajuste final, calculado pela diferença entre a ponta ativa e a ponta passiva. Nesse exemplo houve um ajuste negativo de R$ −163 394,63. Apesar do ajuste negativo, o objetivo do exportador *hedger* de impedir que variações na taxa de câmbio e/ou na taxa de juros causassem impacto em seu resultado foi atingido. A causa de o *swap* ter tido um ajuste final negativo foi o fato de os efeitos das variações das taxas de câmbio e taxa de juros no balanço da empresa terem sido positivos. O *swap* compensa efeitos positivos e negativos de variações de indexadores que impactam o balanço empresarial.

Derivativos de crédito

Os derivativos de crédito têm sido muito utilizados recentemente. Por meio desses instrumentos financeiros negociamos a transferência do risco de crédito entre os agentes econômicos. O elemento desencadeador do derivativo de crédito é o evento de crédito, que se constitui, por exemplo, em não pagamento de dívida, falência e moratória.

O derivativo de crédito mais negociado em mercado chama-se *credit default swap* (CDS), operação em que negociamos a troca de fluxos de caixa entre compradores e vendedores de proteção. O comprador da proteção é o investidor, que receberá o fluxo financeiro se ocorrer o evento de crédito e, para tal, paga um valor denominado "taxa de proteção". O vendedor da proteção é investidor, que pagará o fluxo financeiro se ocorrer o evento de crédito e, para tal, recebe um valor denominado "taxa de proteção".

Exemplo 6: *Hedge* com CDS – Um CDS da Intermarkets S.A. com liquidação financeira realiza pagamento semestral de 80 pontos ou 0,80% a.a., tem valor de principal de US$ 100 milhões e vencimento em quatro anos.

Suponhamos que ocorra um evento de crédito, como falta de pagamento por concordata, após dois anos e três meses. Como se dão os fluxos de caixa do CDS?

Pelos dados acima podemos calcular quanto o comprador paga e o vendedor recebe semestralmente pela proteção:

Valor do título × taxa de proteção × 6 / 12
100.000.000 × 0,80 / 100 × 6 / 12 = US$ 400.000,00

Quando da ocorrência do evento de crédito o comprador já pagou pela proteção por quatro semestres; portanto, desembolsou US$ 1,6 milhão, mas ainda tem de pagar um valor pela proteção relativo aos três meses anteriores à ocorrência do evento de crédito:

100.000.000 × 0,80 / 100 × 3 / 12 = US$ 200.000,00

Dessa forma, o custo do CDS para o comprador de proteção no momento do evento de crédito era de US$ 1,8 milhão.

Também no momento do evento de crédito, e para que se calcule o fluxo de caixa total gerado pelo CDS, um agente de cálculo independente avalia a taxa de recuperação do ativo financeiro alvo do *default*. A taxa de recuperação é estimada com base na expectativa de valor do ativo financeiro em mercado após o *default*. Neste caso, foi estimada em 45%, ou seja, espera-se que o título valha em mercado, após o calote, US$ 45 milhões.

Sendo assim, o vendedor de proteção paga ao comprador de proteção a diferença de US$ 55 milhões, de modo que tem um desembolso líquido de US$ 53,2 milhões (US$ 55.000.000,00 – US$ 1.800.000,00).

Com o intuito de se reduzir o risco da carteira de crédito, ou mesmo de diversificação desse risco, detentores de carteiras de títulos de dívida de origens diversas podem comprar e vender proteção de forma estratégica.

Opções de compra e de venda

As operações sobre opções de compra (*call*) e opções de venda (*put*) têm características diferentes das realizadas com futuros, termo, NDF e *swaps*. Enquanto estas últimas garantem um preço fixo final da *commodity* para o *hedger*, as opções garantem um preço mínimo ou máximo.

Para que isso aconteça um titular (comprador da opção) paga um prêmio a um lançador (vendedor da opção). Na *call*, o titular paga o prêmio pelo direito de comprar a um preço de exercício (*strike price*) até uma determinada data. Já o lançador, pelo prêmio recebido, se obriga a vender pelo preço e no prazo estabelecidos. Na *put* o titular paga o prêmio pelo direito de vender a um preço de exercício (*strike price*) até uma determinada data; o lançador, pelo prêmio recebido, obriga-se a comprar pelo preço e no prazo estabelecidos.

Exemplo 7: *Hedge* de soja com *put* – O mesmo exportador de soja do exemplo 1 (*hedge* a futuro de soja) deseja alternativamente realizar um *hedge* com opções de venda. No mercado à vista a saca de soja, em março de 20X1, está cotada a US$ 25,00. O preço da saca de soja no mercado a futuro para o vencimento setembro situa-se em US$ 26,00. O exportador acha provável que ocorra um aumento do preço da soja até a colheita em setembro de 20X1; no entanto, isso pode não ocorrer. Tal incerteza o levou, no exemplo 1, a fixar o preço de venda da soja em US$ 26,00, o que garantia um bom resultado a sua atividade produtora agrícola. Entretanto, se ocorrer uma alta expressiva no preço da soja até setembro de 20X1, o exportador pode deixar de obter um resultado muito positivo em decorrência da venda realizada a futuro por US$ 26,00, como mostrado na tabela 3.

Caso opte por realizar esta operação com opção de venda em março de 20X1, pode pagar um prêmio (no valor de US$ 1,00) para ser titular de uma opção de venda sobre soja a um preço de exercício de US$ 24,00 para o vencimento de setembro de 20X1. Essa posição traria o resultado apresentado na tabela 6.

Tabela 6
RESULTADO DA OPERAÇÃO DE *HEDGE* COM *PUT* DE SOJA

Posição de hedge: titular de *put* com vencimento em setembro de 20X1 ao preço de US$ 24,00				
Preço à vista (setembro)	Preço de exercício (*strike price*)	Prêmio pago em março	Valor da posição no vencimento	Preço final do produtor
30	24	1	0	29
28	24	1	0	27
26	24	1	0	25
24	24	1	0	23
22	24	1	2	23
20	24	1	4	23
18	24	1	6	23

Ao preço à vista, em setembro de 20X1, de US$ 30,00, o produtor não exerce a opção de venda e perde o US$ 1,00 que pagou por ela; em compensação vende a saca de soja por US$ 30,00, e obtém resultado de US$ 29,00, uma vez que perdeu o prêmio.

Ao preço à vista, em setembro de 20X1, de US$ 18,00, o produtor exerce a opção de venda, o que representa exercer o direito de vender a saca de soja por US$ 24,00. O direito de vender por US$ 24,00 até setembro de 20X1, como sabemos, custou US$ 1,00, que não se recupera. Sendo assim, vende a saca de soja por US$ 24,00, e obtém resultado de US$ 23,00, deduzido o custo do prêmio.

O *hedge* com opções de venda tem vantagens e desvantagem sobre o *hedge* com futuros. A desvantagem da *put* é o custo do pagamento do prêmio na abertura da posição de *hedge*, o que não ocorre na operação a futuro, ou seja, é um *hedge* mais caro. As vantagens são garantir um preço mínimo, sem limitá-lo quando o valor da *commodity* subir e permitir a venda da soja no exercício da opção de venda – uma forma mais cara e mais flexível de monitorar o risco de variação do preço da soja. O preço de exercício de US$ 24,00 foi escolhido em função do resultado mínimo desejado pelo produtor agrícola. Os mercados de opções oferecem diversas alternativas de preços de exercício e vencimentos para os *hedgers*.

Resumo do capítulo

Este capítulo dedicou-se a apresentar a estrutura, organização e funcionamento dos ambientes de negócios globalizados. Ao finalizar a leitura, teremos compreendido as diferenças existentes entre fechar negócios em mercado de balcão e em mercado organizado, principalmente no que concerne às questões relativas a risco de crédito, transparência e segurança.

A sofisticação desses ambientes de negócios trouxe as operações com derivativos, que promovem inovações relativas à engenharia financeira presente em operações de financiamento empresarial, na gestão de fundos de investimento e na gestão de riscos financeiros e empresariais. Cabe ainda ressaltar a redução da assimetria informacional causada pela transparência, bem como a sinalização de valor dos ativos e das expectativas sobre o comportamento de variáveis econômicas. Todos esses aspectos interferem de forma contundente na gestão empresarial e de investimentos do século XXI.

A apreciação de operações de *hedge* nas suas diversas modalidades pode permitir uma compreensão mais detalhada das especificidades de cada estratégia de gestão de risco com o uso de operações a termo, a futuro, em NDFs e *swaps*.

Conclusão

Com o advento da globalização, houve um aumento significativo dos fluxos de capitais entre os países. Essa situação tem proporcionado a criação de grandes oportunidades de investimento para as empresas administradas numa perspectiva global.

Todavia, entendemos que não há como aproveitar essas oportunidades de investimento sem os conhecimentos básicos das finanças internacionais, as quais, apesar de expandirem o leque de opções das empresas voltadas para o mercado doméstico, trazem consigo riscos específicos que jamais devem ser negligenciados, como o risco de câmbio, por exemplo.

Assim, com o propósito de contribuir para o entendimento desse assunto, discutimos os principais aspectos relacionados às finanças internacionais.

No primeiro capítulo, apresentamos a evolução do sistema financeiro internacional. No segundo, chamamos a atenção para os principais títulos de dívida negociados no mercado financeiro internacional. No capítulo 3, discutimos as principais operações de crédito estruturadas disponíveis no mercado internacional para o financiamento dos projetos de investimento das empresas.

Por fim, tecemos comentários acerca do gerenciamento de risco das empresas, tópico de suma importância quando consideramos os fatores de risco a que essas empresas estão expostas em âmbito global.

Os quatro capítulos foram ilustrados com vários exemplos, com o intuito de proporcionar uma visão prática dos temas abordados.

Por todo o exposto, caro leitor, esperamos sinceramente que este livro tenha contribuído para um melhor entendimento desse tema tão fascinante e relevante para as empresas brasileiras: as finanças internacionais. Caso isso tenha acontecido, nossa missão foi cumprida.

Referências

AINGLOBAL IMPORTAÇÃO E EXPORTAÇÃO. *Serviços*. Back to back. Joinville, SC, 2011. Disponível em:<www.ainglobal.com.br>. Acesso em: 12 jun. 2012.

BANCO CENTRAL DO BRASIL. *Exportação e importação*. Operação de back to back. Brasília, DF, set. 2012. Disponível em:<www.bcb.gov.br/pre/bc_atende/port/expImp.asp#12>. Acesso em: 14 out. 2012.

_____. *Regulamento do Mercado de Câmbio e Capitais Internacionais (RMCCI)*. Disponível em:<www.bcb.gov.br/Rex/RMCCI/Ftp/RMCCI-1-01.pdf>. Acesso em: 14 jun. 2012.

BANCO DO BRASIL. *Operações back to back*. Brasília, DF, [s.d.]. Disponível em:<www.bb.com.br/portalbb/page44,3389,10433,0,0,1,2.bb?codigoMenu=13199&codigoNoticia=21553&codigoRet=13219&bread=13>. Acesso em: 14 jun. 2012.

BAUMANN, Renato et al. *A nova economia internacional*. Rio de Janeiro: Campus, 2001.

BRASIL. Lei nº 4.131, de 3 de setembro de 1962. Disciplina a aplicação do capital estrangeiro e as remessas de valores para o exterior e dá outras providências. *Diário Oficial da União*, seção 1, p. 10075, 27 set, 1962. Disponível em: <www.planalto.gov.br/ccivil_03/leis/L4131.htm>. Acesso em 20 abr. 2013.

_____. Ministério da Fazenda. Secretaria da Receita Federal. Solução de Consulta nº 398, de 23 de novembro de 2010. *Diário Oficial da União*, seção 1, p. 35, 28 dez. 2010. Disponível em: <www.jusbrasil.com.br/diarios/24010452/dou-secao-1-28-12-2010-pg-35>. Acesso em: 17 abr. 2013.

BRIGHAM, E. F.; EHRHARDT, M. C. *Administração financeira*: teoria e prática. Trad. Ez2translate. São Paulo: Cengage Learning, 2012.

BRIGHENTI, P. *Curso de futuros e opções*. Trad. Orlando Saltini. São Paulo: BM&F Brasil, 1998. (Tradução da 1. ed. publicada pelo Futures Industry Institute em 1995.)

CARVALHO, Genésio de. *Introdução às finanças internacionais*. São Paulo: Pearson Prentice-Hall, 2007.

DI AGUSTINI, Carlos Alberto. *Capital de giro*, 2. ed. São Paulo: Atlas, 1999.

DICKINSON, Gerry. Enterprise risk management: Its origins and conceptual foundation. *The Geneva Papers on Risk and Insurance*, v. 26, n. 3, p. 360-366, jul. 2001.

EITEMAN, D; STONEHILL, A.; MOFFET, M. H. *Administração financeira internacional*. 9. ed. São Paulo: Bookman, 2002.

_____; _____; _____. *Administração financeira internacional*. 12. ed. São Paulo: Bookman, 2009.

EUN, C. S.; RESNICK, B. G. *International financial management*. Singapura: McGraw-Hill, 1998.

FABOZZI, Frank J. *Mercados, análise e estratégias de bônus*. Trad. Carlos Henrique Trieschmann et al. Rio de Janeiro: Qualitymark, 2000.

FORTUNA, Eduardo. *Mercado financeiro*. 18. ed. Rio de Janeiro: Qualitymark, 2010.

FUTURES INDUSTRY ASSOCIATION. *Futures and options course.* Washington, D.C.: FIA, 1995.

GERVASONI, Viviane. Internacionalização e os países emergentes. *Gestão & Regionalidade*, v. 25, n. 73, jan./abr. 2009. Disponível em: <http://seer.uscs.edu.br/index.php/revista_gestao/article/view/158/85>. Acesso em: 12 jun. 2012.

GLITZ, Frederico Eduardo Z. Transfer of contractual risk and Incoterms: brief analysis of its application in Brazil. *Journal of International Commercial Law and Technology*, v. 6, n. 2, 2011. Disponível em: <www.doaj.org/doaj?func=fulltext&passMe=http://www.jiclt.com/index.php/jiclt/article/view/131/129>. Acesso em: 15 jun. 2012.

GOMES, Clandia Maffini et al. Gestão da inovação tecnológica para o desenvolvimento sustentável em empresas internacionalizadas. *Gestão & Regionalidade*, v. 25, n. 73, jan./abr. 2009. Disponível em:<www.doaj.org/doaj?func=fulltext&passMe=http://seer.uscs.edu.br/index.php/revista_gestao/article/viewFile/149/77>. Acesso em: 15 jun. 2012.

HELDER, R. R. *Como fazer análise documental.* Porto: Universidade de Algarve, 2006.

KEEDI, Samir. Incoterms 2010 para 2011. *Aduaneiras*, 19 out. 2010. Disponível em:<www.aduaneiras.com.br/destaque/destaque_texto.asp?ID=11823683&acesso=2>. Acesso em: 5 jun. 2012.

LEAL, R. *Revisão da literatura sobre estimativa do custo do capital aplicada ao Brasil.* Monografia. Coppead, Rio de Janeiro, 2002.

LEVINE, Ross. Financial development and economic growth: views and agenda. *Journal of Economic Literature*, v. 35, p. 688-726, jun. 1997.

_____. Bank-based or market-based financial systems: which is better? *Journal of Financial Intermediation*, v. 11, p. 398-428, 4 out. 2002.

LINTNER, John. The valuation of risk assets and the selection of risky investments in stock portfolios and capital budgets. *Review of Economics and Statistics*, v. 47, n. 1, p. 13-37, fev. 1965.

LOPEZ, José Manoel Cortiñas; GAMA, Marilza. *Comércio exterior competitivo*. São Paulo: Aduaneiras, 2004.

MADURA, Jeff. *Finanças corporativas internacionais*. Trad. Luciana Penteado Miquelino. São Paulo: Cengage Learning, 2009.

MARINS, André Cabral. *Mercados derivativos e análise de risco*. Rio de Janeiro: AMS, 2009. v. 1.

MENDONÇA, Álvaro A. *Hedge para empresas*: uma abordagem aplicada. São Paulo: Elsevier-Campus, 2011.

MOSSIN, Jan. Equilibrium in a capital asset market. *Econometrica*, v. 34, n. 4, p. 768-783, out. 1966.

PIMENTEL, R. C. Captações no exterior (euronotes e eurobonds). In: LIMA, I. S.; DE LIMA, A. S. F.; PIMENTEL, R. C. *Curso de mercado financeiro*: tópicos especiais. São Paulo: Atlas, 2007. p. 217-247.

ROBERTS, Richard. *Por dentro das finanças internacionais*: guia prático de mercados e instituições financeiras. Trad. Maria J. C. Monteiro. Rio de Janeiro: Jorge Zahar, 2000.

SHAPIRO, Alan C. *Multinational financial management*. 9. ed. Nova York: John Wiley & Sons, 2009.

SHARPE, William F. Capital asset prices: a theory of market equilibrium under conditions of risk. *Journal of Finance*, v.19, n. 3, p. 425-442, set. 1964.

Os autores

Alex Sandro Monteiro de Moraes

Mestre em administração de empresas pelo IBMEC Business School do Rio de Janeiro. Professor convidado do FGV Management, professor do MBA em Finanças da Universidade Federal do Rio de Janeiro e professor convidado da Escola Naval. Doutorando em administração (finanças) pela PUC-Rio. Exerceu o cargo de chefe de gabinete do diretor de finanças da Marinha, cujas atribuições compreendem a execução da administração financeira da Marinha no Brasil e no exterior. Atualmente ocupa o cargo de gerente da Mesa de Operações Financeiras da Marinha nas áreas de renda fixa, câmbio e planejamento de aplicações financeiras nos Estados Unidos e Europa.

Carlos Alberto Decotelli da Silva

Mestre em gestão empresarial pela FGV/Ebape. Especialista em administração financeira pela FGV Ebape/EPGE. Graduado em economia pela Uerj. Doutorando em administração pela Universidade Nacional de Rosário (UNR). Consultor da DXA Investments. Coautor dos livros *Matemática financeira aplicada* e *Gestão de riscos no agronegócio*. No New York Institute of Finance, coordena o seminário Finance Valuation. Na Alemanha, coordena o seminário Cooperativismo no Agronegócio, em parceria com o German Insitute of Metroloy. Pela Anbima, é profissional certificado CPA-20. Professor convidado do FGV Management.

Ivando Silva de Faria

Doutor em economia e mestre em engenharia de produção pela UFF. Especialista em mercados financeiros pelo Codimec/FGV/IBMEC e graduado em engenharia civil pela Universidade Veiga de Almeida (UVA). Trabalhou na assessoria das superintendências da Bolsa de Valores do Rio de Janeiro, dirigiu trabalhos na reforma do mercado de capitais português (bolsas de valores do Porto, de Lisboa e governo português). Atualmente é professor de finanças e coordenador do MBA em Economia Empresarial da UFF. Professor convidado do FGV Management e da UFRJ.

Ricardo Bordeaux-Rêgo

Doutor e mestre em administração de empresas-finanças pela Pontifícia Universidade Católica do Rio de Janeiro (PUC-Rio), especialista em engenharia de produção e engenheiro civil também pela PUC-Rio. É professor do Departamento de Engenharia de Produção da Universidade Federal Fluminense. Foi diretor técnico da Fernandes, Bordeaux &Del Cima Engenharia e Construção Ltda., executivo da H. Stern Joalheiros e engenheiro da Cia. Cervejaria Brahma. Sua experiência abrange atuação como professor convidado do FGV Management e da PUC-Rio em cursos de MBA. É coautor dos livros: *Análise da viabilidade de projetos*, *Mercado de capitais*, *Estudos em negócios* e *Decisões de investimentos*. Publicou diversos trabalhos na área de finanças em revistas e congressos nacionais e internacionais.

Este livro foi impresso nas oficinas gráficas da Editora Vozes Ltda.,
Rua Frei Luís, 100 – Petrópolis, RJ.